O TARÔ
ZEN,
DE OSHO

Osho

O TARÔ ZEN, DE OSHO

O JOGO TRANSCENDENTAL DO ZEN

Tradução
PAULO REBOUÇAS

Revisão final
OSHO SUKUL M. C. – MA ANAND SAMASHTI E SWAMI PREM ANODHA

Editora
Cultrix
SÃO PAULO

Título original: *Osho Zen Tarot: The Transcendental Game of Zen*.
Copyright © 1994 Osho International Foundation, Suíça. www.osho.com/copyrights.
Copyright da edição brasileira © 2014 Editora Pensamento-Cultrix Ltda.

2ª edição 2022. - Essa edição possui embalagem nova, mas o conteúdo do livro se mantém inalterado.

Ilustrações originais de Deva Padma
Editadas por Sarito Carol Neiman
Comentários baseados em descrições de Deva Padma

OSHO é uma marca registrada da Osho International Foundation, usada com a devida permissão e licença.

Todos os direitos reservados. Nenhuma parte desta obra pode ser reproduzida ou usada de qualquer forma ou por qualquer meio, eletrônico ou mecânico, inclusive fotocópias, gravações ou sistema de armazenamento em banco de dados, sem permissão por escrito, exceto nos casos de trechos curtos citados em resenhas críticas ou artigos de revistas.

A Editora Cultrix não se responsabiliza por eventuais mudanças ocorridas nos endereços convencionais ou eletrônicos citados neste livro.

Editor: Adilson Silva Ramachandra
Gerente editorial: Roseli de S. Ferraz
Gerente de produção editorial: Indiara Faria Kayo
Editoração eletrônica: Join Bureau
Revisão: Yociko Oikawa

Direitos de tradução para o Brasil adquiridos com exclusividade pela
EDITORA PENSAMENTO-CULTRIX LTDA., que se reserva a
propriedade literária desta tradução.
Rua Dr. Mário Vicente, 368 — 04270-000 — São Paulo, SP
Fone: (11) 2066-9000
http://www.editoracultrix.com.br
E-mail: atendimento@editoracultrix.com.br
Foi feito o depósito legal.

Dados Internacionais de Catalogação na Publicação (CIP)
(Câmara Brasileira do Livro, SP, Brasil)

Osho, 1931-1990.
O Tarô Zen, de Osho : o jogo transcendental do Zen / tradução Paulo Rebouças ;
2. ed. atual. – São Paulo, SP: Cultrix, 2022.

Título original: Osho Zen tarot : the transcendental game of Zen.
ISBN 978-65-5736-213-6

1. Tarô 2. Cartomancia I. Padma, Deva. II. Título.

22-121332 CDD-133.32424

Índices para catálogo sistemático:
1. Tarô : Artes divinatórias 133.32424
Eliete Marques da Silva - Bibliotecária - CRB - 8/9380

DO MESMO AUTOR

Zen – Sua História e seus Ensinamentos
Tantra – O Caminho da Aceitação
Autobiografia de um Místico Espiritualmente Incorreto
O Livro Orange – Meditações de Osho
Intuição – O Saber Além da Lógica
O Livro da sua Vida
Transformando Crises em Oportunidades
A Essência do Amor
Consciência – A Chave para Viver em Equilíbrio

e muito mais.

O Zen apenas reconhece uma vida ampla
que abarca todos os tipos de contradição
em uma harmonia profunda.
A noite apresenta-se em harmonia com o dia,
a vida está em harmonia com a morte,
e a Terra em harmonia com o Céu.
A presença está em harmonia com a ausência.
Esta harmonia imensa,
esta sincronicidade,
é o Manifesto básico do Zen.
É esta a única maneira de viver
que respeita e ama,
e que nada rejeita, nada condena.

OSHO: O MANIFESTO ZEN

SUMÁRIO

INTRODUÇÃO	13
O TARÔ ZEN, DE OSHO	15
COMO JOGAR O JOGO TRANSCENDENTAL DO ZEN	21
ARCANOS MAIORES	23
ARCANOS MENORES	101
MANEIRAS DE DISPOR AS CARTAS	180
GLOSSÁRIO DE SÍMBOLOS	187
SOBRE A ILUSTRADORA	189
LISTA DE REFERÊNCIAS	191
SOBRE O AUTOR	193
OSHO INTERNATIONAL MEDITATION RESORT	195
INFORMAÇÕES ADICIONAIS	199

CARTAS DO TARÔ

Arcanos Maiores

0	O BOBO	23
I	EXISTÊNCIA	25
II	A VOZ INTERIOR	27
III	CRIATIVIDADE	29
IV	O REBELDE	31
V	NÃO MATERIALIDADE	33
VI	OS AMANTES	35
VII	CONSCIÊNCIA	37
VIII	CORAGEM	39
IX	SOLITUDE	41
X	MUDANÇA	43
XI	RUPTURA	45
XII	NOVA VISÃO	47
XIII	TRANSFORMAÇÃO	49
XIV	INTEGRAÇÃO	51
XV	CONDICIONAMENTO	53
XVI	RELÂMPAGO	55
XVII	SILÊNCIO	57
XVIII	VIDAS PASSADAS	59
XIX	INOCÊNCIA	61
XX	ALÉM DA ILUSÃO	63
XXI	COMPLETUDE	65
	O MESTRE	67

Arcanos Menores

FOGO: O DOMÍNIO DA AÇÃO

Rei do Fogo ✦ O CRIADOR 69

Rainha do Fogo ✦ O COMPARTILHAR 71

Cavaleiro do Fogo ✦ INTENSIDADE 73

Valete do Fogo ✦ ESPÍRITO BRINCALHÃO............... 75

ÁGUA: O DOMÍNIO DAS EMOÇÕES

Rei da Água ✦ A CURA 77

Rainha da Água ✦ RECEPTIVIDADE..................... 79

Cavaleiro da Água ✦ CONFIANÇA 81

Valete da Água ✦ COMPREENSÃO....................... 83

NUVENS: O DOMÍNIO DA MENTE

Rei das Nuvens ✦ CONTROLE 85

Rainha das Nuvens ✦ MORALIDADE..................... 87

Cavaleiro das Nuvens ✦ A LUTA 89

Valete das Nuvens ✦ A MENTE......................... 91

ARCO-ÍRIS: O DOMÍNIO DA NATUREZA FÍSICA

Rei do Arco-íris ✦ ABUNDÂNCIA 93

Rainha do Arco-íris ✦ FLORESCIMENTO................. 95

Cavaleiro do Arco-íris ✦ DESACELERAÇÃO 97

Valete do Arco-íris ✦ AVENTURA 99

CARTAS DO TARÔ

ARCANOS MENORES

NAIPE DO FOGO

2 de Fogo ✦ POSSIBILIDADES	101
3 de Fogo ✦ O EXPERIENCIAR	103
4 de Fogo ✦ PARTICIPAÇÃO	105
5 de Fogo ✦ TOTALIDADE	107
6 de Fogo ✦ SUCESSO	109
7 de Fogo ✦ ESTRESSE	111
8 de Fogo ✦ VIAGEM	113
9 de Fogo ✦ EXAUSTÃO	115
10 de Fogo ✦ REPRESSÃO	117
Ás de Fogo ✦ A FONTE	119

NAIPE DA ÁGUA

2 de Água ✦ AMISTOSIDADE	121
3 de Água ✦ CELEBRAÇÃO	123
4 de Água ✦ VOLTAR-SE PARA DENTRO	125
5 de Água ✦ APEGO AO PASSADO	127
6 de Água ✦ O SONHO	129
7 de Água ✦ PROJEÇÕES	131
8 de Água ✦ DEIXANDO IR	133
9 de Água ✦ PREGUIÇA	135
10 de Água ✦ HARMONIA	137
Ás de Água ✦ INDO COM A CORRENTEZA	139

Arcanos Menores

NAIPE DAS NUVENS

2 de Nuvens ✦ Esquizofrenia 141

3 de Nuvens ✦ Isolamento Glacial 143

4 de Nuvens ✦ Adiamento 145

5 de Nuvens ✦ Comparação............................ 147

6 de Nuvens ✦ O Fardo 149

7 de Nuvens ✦ Política 151

8 de Nuvens ✦ Culpa.................................... 153

9 de Nuvens ✦ Sofrimento 155

10 de Nuvens ✦ Renascimento........................ 157

Ás de Nuvens ✦ Consciência 159

NAIPE DO ARCO-ÍRIS

2 de Arco-íris ✦ Momento a Momento............... 161

3 de Arco-íris ✦ Orientação 163

4 de Arco-íris ✦ O Avarento........................... 165

5 de Arco-íris ✦ O Forasteiro 167

6 de Arco-íris ✦ Concessão 169

7 de Arco-íris ✦ Paciência 171

8 de Arco-íris ✦ Simplicidade......................... 173

9 de Arco-íris ✦ Momento da Colheita 175

10 de Arco-íris ✦ Nós Somos o Mundo 177

Ás de Arco-íris ✦ Maturidade 179

AGRADECIMENTOS

Nossos melhores agradecimentos às seguintes pessoas que ajudaram a criar este livro:
- Anand Zeno
- Dhyan Sammadhi
- Deva Prem
- Deva Ayama

E a Emma Kunz, pela inspiração para a carta "Cura".

Agradecimentos pelas referências do glossário a J. C. Cooper, *The Illustrated Encyclopaedia of Traditional Symbols*, Thames & Hudson.

INTRODUÇÃO

Osho sempre foi mais que um mero orador ou filósofo. Em sua roda de amigos, criou uma atmosfera na qual as verdades de que fala podem ser vivenciadas diretamente. Caminhar em companhia de Osho não é retirar-se para as montanhas e levar uma vida de ascetismo e repouso, bem longe do burburinho das ruas. Ao contrário, é empenhar-se totalmente na tarefa de despertar, por meio de uma enorme variedade de meditações, curas físicas e terapias psicológicas, muito riso e muito divertimento, além de boas doses de criatividade e trabalho pesado. Varrer o chão é meditar tanto quanto sentar-se em silêncio na presença do mestre; e assistir às lutas pelo poder entre colegas na cozinha é tão significativo quanto entender o Sutra do Diamante declamado por Gautama Buda. Até os altos e baixos dos casos amorosos têm seu lugar na jornada em busca do autoconhecimento.

É no contexto dessa abordagem da vida, desse esforço para transformar a totalidade da existência em meditação, que criamos nosso baralho de tarô, dedicado ao buda existente dentro de cada um de nós.

✦

O buda não é monopólio, copyright *de ninguém. Está dentro de todos nós. Você não precisa ser budista para ser um buda. Ser um buda transcende quaisquer conceitos religiosos; constitui um direito de nascença universal. Reivindique-o para si, para suas atividades diárias, a fim de que tudo em sua vida se torne meditação, graça, beleza, bênção.*

OSHO: No Mind: The Flowers of Eternity – Sarito

O TARÔ ZEN, DE OSHO

O Tarô existe há milhares de anos, desde o antigo Egito, ou talvez até antes. A sua primeira utilização no Ocidente, de que se tem notícia, aconteceu na Idade Média. Durante aqueles tempos turbulentos, a sua linguagem figurada foi usada como um código na transmissão dos ensinamentos das escolas de mistério medievais. Ao longo do tempo o Tarô tem sido usado de muitas maneiras – como um instrumento para a predição do futuro, como um leve "jogo de salão", como uma maneira de reunir informação desconhecida, "oculta", a respeito de diversas situações, etc.

Há quem diga que o número de cartas baseia-se no número dos passos dados pelo infante Siddharta – que mais tarde tornar-se-ia Gautama, o Buda – assim que nasceu. Diz a lenda que ele deu sete passos para a frente e sete passos para trás, em cada uma das quatro direções cardeais, e isso se tornou o referencial para as cartas "menores", no Tarô.

Além das 56 cartas dos Arcanos Menores, o Tarô contém mais 22 cartas, os Arcanos Maiores, as quais contam toda a história da viagem espiritual do Homem. Desde o inocente passo inicial do Bobo até o coroamento da viagem representado pela carta do Encerramento, encontramos nos Arcanos Maiores as imagens arquetípicas que nos ligam a nós todos, como seres humanos. Elas falam a respeito de uma viagem de autodescoberta que é absolutamente única para cada indivíduo, conquanto sejam as mesmas as verdades fundamentais a serem descobertas, independentemente de raça, sexo, classe social ou de criação religiosa.

No baralho de Tarô tradicional essa viagem de autodescoberta é vista como um tipo de espiral, onde cada Encerramento conduz a um novo nível no caminho, um novo começo com a reaparição do Coringa. Neste baralho, porém, acrescentou-se a carta "O Mestre". Esta carta permite-nos deixar para trás a espiral, para saltar fora da roda da morte / renascimento. A carta "O Mestre" simboliza a superação definitiva do próprio viajar, uma transcendência que só se torna possível pela dissolução do ego separado, individualizado, por meio da iluminação.

O Tarô Zen, de Osho, definitivamente não é um Tarô tradicional, no sentido de lidar com predições. Trata-se antes de um jogo transcendental do Zen que espelha o momento presente, apresentando, sem concessões, o que existe aqui e agora, sem julgamento ou comparação. Este jogo é um chamado para o despertar, para sintonizar-se com a sensibilidade, a intuição, a compaixão, a receptividade, a coragem e a individualidade.

Essa ênfase na consciência é uma das muitas inovações em relação aos velhos sistemas e maneiras de pensar do Tarô, que logo saltará aos olhos dos usuários experientes, conforme comecem a trabalhar com o Tarô Zen, de Osho.

Os Arcanos Maiores

Estas 22 cartas são numeradas neste baralho com algarismos romanos de O a XXI, e representam os temas centrais, arquetípicos, da viagem espiritual humana. A carta "O Mestre", que simboliza a transcendência, não é numerada.

Quando uma carta dos Arcanos Maiores aparece em uma leitura, ela tem uma significação especial, prevalecendo sobre as cartas dos Arcanos Menores. Esse fato nos diz que as circunstâncias atuais da nossa vida estão nos oferecendo uma oportunidade para examinar um dos temas centrais da nossa própria viagem espiritual. Será especialmente proveitoso examinar outras cartas correlacionando-as com esse tema central – por exemplo, "O que me diz o fato de eu ter estado trabalhando demais (Exaustão), a respeito da minha necessidade de autoexpressão (Criatividade)? De que maneira posso estar prejudicando o meu progresso na caminhada em direção à criatividade, por estar consumindo toda a minha energia apenas para manter a "máquina" funcionando?

Quando não aparece nenhuma carta de Arcano Maior em uma leitura, é possível que a situação do momento seja apenas uma trama secundária e passageira, na história mais ampla da sua vida. Isso não quer dizer que não tenha importância, ou que você deva sentir-se um tolo por deixar-se afetar tão fortemente. Porém a própria ausência de cartas de Arcano Maior está confirmando que "isto também passará", e mais tarde você poderá muito bem se perguntar qual foi o motivo para tanta confusão.

Finalmente, o aparecimento de Arcanos Maiores em uma leitura pode indicar que está acontecendo na história uma alteração importante de cenário e de personagens. Há ocasiões em que, efetivamente, a profusão de cartas de Arcanos Maiores é tão surpreendente, que você poderá preferir escolher apenas uma delas – aquela que o impacta com a mensagem mais clara – como peça, central de uma nova leitura que o ajude a compreender o que você está enfrentando no momento.

Os Arcanos Menores

Estas 56 cartas estão divididas em quatro naipes que representam os quatro elementos, cada qual marcado com um losango particular, codificado pela cor, para que se distingam. Em cada caso, a cor do losango é aquela que predomina no naipe. As cartas do naipe da Água têm um losango azul, as do Fogo têm um losango vermelho, o naipe das Nuvens apresenta um losango cinza, e o naipe do Arco-íris um losango com as cores do arco-íris. Como acontece nos baralhos normais de jogar, cada naipe do Tarô contém "cartas da corte", que aqui não encerram qualquer pretensão aristocrática, mas representam apenas as diferentes oportunidades para que se consiga o domínio sobre os quatro elementos a que correspondem.

O naipe do Fogo corresponde ao de Paus do Tarô tradicional, e representa o campo da ação e da reação, a energia que nos coloca em situações e que nos tira delas quando obedecemos aos nossos instintos, de preferência à nossa mente ou às nossas emoções.

O naipe da Água substitui o de Copas tradicional, representando o lado emocional da vida, e tende a ser uma energia mais "feminina" e receptiva do que o Fogo, que é mais "masculino" e extrovertido.

O naipe das Nuvens foi escolhido para substituir o de Espadas, tradicionalmente o naipe do Ar, representando a mente. Isso porque a natureza da mente não iluminada é exatamente como a das nuvens, na maneira como bloqueia a luz e turva a paisagem à nossa volta, impedindo-nos de enxergar as coisas como elas realmente são. Existe também uma outra característica das nuvens que não pode ser esquecida – elas vêm e vão, e portanto não devem ser levadas muito a sério!

Finalmente, o naipe do Arco-íris toma neste baralho o lugar do tradicional naipe de Ouros, representando o elemento Terra. Este é, tradicionalmente, o elemento que representa o lado prático, material, da vida. Coerentemente porém com a postura do Zen, que considera que até as atividades mais humildes e terrenas encerram uma oportunidade para que se celebre o sagrado, o Arco-íris foi escolhido para este naipe. Ao adotar o arco-íris – que faz uma ponte entre o céu e a terra, entre o espírito e a matéria – lembramo-nos de que na verdade não existe uma separação entre o mais baixo e o mais alto, de que o que existe verdadeiramente é o *continuum* de uma energia única e total. Lembramo-nos também de que o céu não é um lugar remoto lá no alto, mas é antes uma realidade esperando para ser descoberta, aqui mesmo na Terra.

Aqui está, portanto, uma viagem de descoberta, e o caminho para a transcendência definitiva disso tudo. Siga em frente descontraída e alegremente, dos cumes para os vales, e de volta aos picos novamente, saboreando cada passo do caminho. Aprenda com os seus erros, e não haverá como não acertar.

COMO JOGAR O JOGO TRANSCENDENTAL DO ZEN

Obviamente, você pode perguntar ao Tarô o que quiser, embora ele seja na verdade um veículo para expor aquilo que você já sabe. Qualquer carta sacada em resposta a uma determinada questão é um reflexo direto daquilo que algumas vezes você não está sendo capaz, ou não tem vontade, de reconhecer nesse momento. E no entanto, é apenas por meio do reconhecimento (sem julgar se é certo ou errado) de um ponto de vista inteiramente impessoal, que alguém pode começar a experienciar plenamente sua altura e sua profundidade – todos os matizes da nossa natureza de arco-íris.

Quando for consultar o "espelho" do Tarô, embaralhe bem as cartas, imaginando-as como um receptáculo no qual você está vertendo as suas energias. No momento em que se sentir pronto, abra as cartas em um leque com as figuras para baixo, e com a sua mão esquerda (a receptiva) escolha cartas em resposta à questão que você tem no momento. Lembre-se de permanecer no momento, à medida que você vira as cartas, permitindo suas respostas interiores virem à tona, para clarificar as suas questões exteriores.

Como você perceberá, as figuras do Tarô Zen, de Osho, estão vivas. O impacto que elas provocam é inegável, pois falam em uma linguagem que o nosso ser mais íntimo reconhece. Elas despertam o entendimento. Provocam a lucidez.

No final deste livro encontram-se alguns esquemas de disposição das cartas para o jogo (ver p.180). Com a prática, porém, você irá desenvolver a sua própria maneira de usá-las. Seja criativo – as possibilidades são ilimitadas.

Mantenha-se em silêncio e centrado o quanto possível, quando estiver usando este baralho. Quanto mais você puder visualizar o jogo como uma dádiva para o seu crescimento pessoal, tanto mais significativas serão as mensagens para você.

COMENTÁRIO

Momento a momento e a cada passo o Bobo vai deixando o passado para trás. Só leva sua pureza, sua inocência e sua confiança, simbolizadas pela rosa branca na mão. O estampado do seu colete apresenta as cores dos quatro elementos do Tarô, indicando que ele está em harmonia com tudo o que existe à sua volta. A sua intuição está à flor da pele. Neste momento, o Bobo tem o apoio de todo o universo para dar o seu salto em direção ao desconhecido. Aventuras esperam por ele no rio da vida. ✦ A carta está indicando que, se neste momento você confiar em sua intuição, na sua sensibilidade para o "caminho certo" das coisas, você não poderá errar. Os seus atos poderão parecer "tolos" para os outros, ou até para você mesmo, se tentar analisá-los com a mente racional. A posição "zero" porém, ocupada pelo Bobo, é a do número inumerável, na qual a confiança e a inocência é que são os guias, e não o ceticismo e a experiência passada.

ARCANOS MAIORES

O Bobo
♦ ♦ ♦

Bobo é quem confia sempre; bobo é quem continua confiando, contrariamente ao que recomendam todas as suas experiências vividas. Você o engana, e ele confia em você; você o engana de novo, e ele continua confiando; você o engana mais uma vez, e ele ainda confia em você. Então você dirá que ele é um bobo, que não aprende. A confiança dele é enorme; é uma confiança tão pura que ninguém consegue corrompê-la.

Seja um bobo no sentido taoista, no sentido do Zen. Não tente criar uma muralha de conhecimentos em torno de você. Seja qual for a experiência que venha a você, deixe-a acontecer e depois siga em frente, descartando-se dela. Vá limpando sua mente o tempo todo; vá morrendo para o passado, de forma a permanecer no presente, no aqui-agora; como se tivesse acabado de nascer, como se fosse um bebê. No começo isso será muito difícil. O mundo começará a tirar vantagem de você...deixe que o façam. São uns pobres companheiros. Ainda que trapaceiem você, que o enganem e roubem, deixe acontecer, porque aquilo que é realmente seu não pode ser roubado, o que realmente lhe pertence ninguém pode tirar de você. E a cada vez que você não permitir que as circunstâncias o corrompam, a oportunidade se transformará em um efeito de integração dentro de você. A sua alma se tornará mais cristalizada.[1]

O JOGO TRANSCENDENTAL DO ZEN ♦ 23

COMENTÁRIO

Esta figura nua está sentada sobre a folha do lótus da perfeição, com o olhar perdido na beleza do céu noturno. Ela sabe que "lar" não é um lugar físico no mundo exterior, mas uma qualidade interna de relaxamento e de aceitação. As estrelas, as pedras, as árvores, as flores, os peixes e os pássaros — são todos nossos irmãos e irmãs nesta dança da vida. Nós, seres humanos, temos certa tendência a nos esquecer disso, enquanto procuramos cumprir nossos compromissos particulares, e acreditamos que é preciso lutar para conseguir aquilo de que precisamos. No fundo, porém, nossa sensação de estar à parte é apenas uma ilusão, criada pelas preocupações limitadas da mente. ✦ Agora é chegado o momento de verificar se você está se permitindo receber a dádiva extraordinária do sentir-se "em casa", onde quer que você esteja. Se estiver, assegure-se de dedicar tempo para desfrutar essa sensação, de forma que ela possa aprofundar-se e permanecer com você. Se, por outro lado, você tem se sentido como se o mundo estivesse à espreita para pegá-lo, é hora de fazer uma pausa. Vá lá fora esta noite, e olhe para as estrelas.

ARCANOS MAIORES

I

Existência
♦ ♦ ♦

Você não está aí por acaso. A existência precisa de você. Sem a sua presença, algo estará faltando na existência e ninguém poderá ocupar o lugar. Isto é o que lhe confere dignidade: saber que a existência inteira sentiria a sua falta. As estrelas, o sol e a lua, as árvores, os pássaros, a terra – tudo no universo sentiria que um pequeno lugar está vago, o qual não pode ser ocupado por ninguém mais, a não ser você. Isto lhe dá uma alegria enorme, uma comprovação de que você tem a ver com tudo o que existe, e de que a existência preocupa-se com você. Quando você está purificado e transparente, você poderá perceber uma imensurável quantidade de amor derramando-se sobre você de todas as dimensões.[2]

COMENTÁRIO

A *Voz Interior* não fala por palavras, mas na linguagem inarticulada do coração. É como um oráculo que só fala a verdade. Se tivesse um rosto, seria como o que aparece no centro desta carta — desperto, vigilante, e capaz de aceitar tanto a escuridão quanto a luz, simbolizadas pelas duas mãos que seguram o cristal. O cristal, em si, representa a luminosidade que advém de se haver superado todas as dualidades. A Voz Interior também pode ser brincalhona, à medida que mergulha profundamente nas emoções e ressurge para lançar-se em direção ao céu, como dois golfinhos dançando nas águas da vida. Ela está ligada ao cosmos por intermédio da coroa em forma de lua crescente, e à Terra, do modo como está representada pelas folhas verdes no quimono desta figura. ✦ Há momentos em nossa vida em que muitas vozes parecem nos estar chamando de várias direções. A própria confusão que sentimos nessas ocasiões é um lembrete para que procuremos silêncio e centramento dentro de nós mesmos. Só assim seremos capazes de escutar a nossa verdade.*

II

A Voz Interior

✦ ✦ ✦

Se você encontrou a sua verdade dentro de você, não há mais nada para descobrir em toda esta existência. A verdade está atuando por meio de você. Quando você abre os olhos, é a verdade abrindo os olhos. Quando fecha os olhos, é a verdade que está fechando os olhos.

Esta é uma meditação extraordinária. Se você puder simplesmente entender o mecanismo, não precisará fazer nada – o que quer que estiver fazendo, estará sendo feito pela verdade. Se você estiver andando, será a verdade andando; se estiver dormindo, será a verdade dormindo; se estiver falando, será a verdade falando; se estiver em silêncio, será a verdade que estará em silêncio.

Esta é uma das técnicas de meditação mais simples. Pouco a pouco, tudo se acomoda segundo esta fórmula simples e, então, não há mais necessidade da técnica.

Quando você está curado, joga fora a meditação, joga fora o remédio. Então, você vive como verdade – cheio de vida, radiante, satisfeito, abençoado, uma canção em si mesmo. Toda a sua vida se transforma em uma prece sem palavras ou, melhor dizendo, em um estado de oração, em um estado de graça, de beleza que não pertence a este mundo, em um raio de luz vindo do além, iluminando a escuridão do nosso mundo.[3]

COMENTÁRIO

A partir da alquimia de fogo e água na parte de baixo, até a luz divina que entra pela parte de cima, a figura desta carta está literalmente "possuída" pela força criativa. Realmente, a experiência da criatividade é um mergulho no misterioso. Técnica, treinamento e conhecimento são apenas instrumentos; o segredo é abandonar-se à energia que alimenta o nascimento de todas as coisas. Essa energia não tem forma nem estrutura e, no entanto, todas as formas e estruturas nascem dela. ✦ Pouco importa a forma de expressão particular que a sua criatividade assuma – pode ser a pintura ou o canto, o plantio de um jardim ou a preparação de uma refeição. O importante é estar aberto para aquilo que quer se expressar por seu intermédio. Lembre-se de que não somos donos das nossas criações – elas não nos pertencem. A criatividade verdadeira nasce de uma união com o divino, com o místico e com o incognoscível. Daí ser ela tanto uma alegria para quem cria, quanto uma bênção para os demais.

III

ARCANOS MAIORES

CRIATIVIDADE

✦ ✦ ✦

Criatividade é a qualidade que você traz para a atividade que está fazendo. Trata-se de uma atitude, de uma disposição interior – a maneira como você olha para as coisas... Nem todo mundo pode ser um pintor – e também não há necessidade disso. Se todos fossem pintores, o mundo seria muito feio; e viver seria difícil. E também não é todo mundo que pode ser dançarino, nem há necessidade disso. Todos, porém, podem ser criativos.

Seja o que for que faça, se você o faz com alegria, se o faz com amor, se o seu ato de fazer não é meramente econômico, então ele é criativo. Se algo cresce em seu íntimo como consequência, se isso lhe traz desenvolvimento, então é espiritual, é criativo, é divino.

Você se torna mais divino à medida que fica mais criativo. Todas as religiões do mundo disseram que Deus é o criador. Eu não sei se ele é ou não é o criador, mas de uma coisa eu sei: quanto mais criativo você se torna, mais divino você fica. Quando sua criatividade chega a um clímax, quando a sua vida inteira se torna criativa, você está em Deus. Ele deve ser, portanto, o criador, pois as pessoas que foram criativas estiveram mais próximas dele.

Ame o que você faz. Assuma uma postura meditativa enquanto você estiver fazendo algo – seja lá o que for![4]

COMENTÁRIO

A figura de poder e autoridade desta carta é, visivelmente, de alguém que é senhor do seu próprio destino. Em seu ombro, há uma representação do sol, e a tocha que ele segura na mão direita simboliza a luz da sua própria verdade, arduamente conquistada. Rico ou pobre, o Rebelde é de fato um imperador, porque quebrou as correntes do condicionamento repressivo e das opiniões da sociedade. Ele deu forma a si mesmo abraçando todas as cores do arco-íris, aflorando das raízes obscuras e amorfas de seu passado inconsciente, e criando asas para voar para o céu. A sua própria maneira de ser é rebelde — não porque esteja lutando contra alguém ou contra qualquer coisa, mas porque ele descobriu a sua própria natureza verdadeira e está determinado a viver de acordo com ela. A águia é o animal com o qual se afina espiritualmente, um mensageiro entre a terra e o céu. ✦ O Rebelde nos desafia a ser suficientemente corajosos para assumir responsabilidade por quem somos, e para viver a nossa verdade.

ARCANOS MAIORES

O Rebelde

✦ ✦ ✦

As pessoas têm muito medo daqueles que conhecem a si mesmos. Estes têm um certo poder, uma certa aura e um certo magnetismo, um carisma capaz de libertar os jovens, ainda cheios de vida, do aprisionamento tradicional...

O homem iluminado não pode ser escravizado – este é o problema – e não pode ser feito prisioneiro...

Todo gênio que tenha conhecido um pouco do seu íntimo está fadado a ser um pouco difícil de ser absorvido; ele deverá ser uma força perturbadora. As massas não querem ser perturbadas, ainda que se encontrem na miséria; estão na miséria, mas estão acostumadas com isso, e qualquer um que não seja um miserável parece um estranho.

O homem iluminado é o maior forasteiro do mundo; ele parece não pertencer a ninguém. Nenhuma organização consegue confiná-lo, nenhuma comunidade, nenhuma sociedade, nenhuma nação.[5]

COMENTÁRIO

Encontrar-se "no vazio" pode ser desorientador e até assustador. Nada em que se apoiar, nenhum sentido de direção, nem mesmo um indício a respeito de quais opções e possibilidades poderiam estar à frente. Era, porém, exatamente esse estado de potencialidade pura que existia antes que o universo fosse criado. Tudo o que você pode fazer agora é relaxar no seio dessa não materialidade...mergulhar nesse silêncio entre as palavras...observar esse vazio entre a expiração e a inspiração, e guardar o tesouro de cada momento vazio da experiência. Alguma coisa sagrada está para nascer.

Não Materialidade

✦ ✦ ✦

Buda escolheu uma das palavras que realmente trazem em si um grande potencial – *shunyata*. A palavra inglesa, o equivalente inglês '*nothingness*' [nada], não é uma palavra tão bela.

Por esse motivo é que eu gostaria de transformá-la em '*no-thingness*' (não materialidade) – porque o "nada" de fato não é exatamente um vazio: ali encontra-se potencialmente o "tudo". Nele, vibram todas as possibilidades. Trata-se de potencial, potencial absoluto. Ainda não está manifesto, mas tudo está contido ali.

No princípio é natureza, no final é natureza. Então, por que criar tanta confusão no meio do caminho...? Por que ficar tão preocupado, tão ansioso, com tantas ambições, no meio do caminho – por que criar tamanho desespero?

Toda a jornada é da não materialidade à não materialidade.[6]

COMENTÁRIO

Aquilo que chamamos de amor é na verdade todo um espectro de modos de se relacionar, abrangendo desde a terra até o céu. No nível mais terreno, o amor é a atração sexual. Muitos de nós continuamos presos nesse nível, porque o condicionamento a que fomos submetidos sobrecarregou nossa sexualidade com toda sorte de expectativas e de repressões. Na verdade, o maior "problema" do amor sexual é que ele nunca perdura. Só quando aceitamos tal fato é que podemos celebrá-lo pelo que ele realmente é – dar as boas-vindas a seu aparecimento, e dizer adeus com gratidão quando ele se vai. Então, à medida que vamos amadurecendo, podemos vivenciar o amor que existe além da sexualidade, e que honra a individualidade singular do outro. Começamos a compreender que o nosso parceiro funciona frequentemente como um espelho, refletindo aspectos desconhecidos do nosso ser mais profundo, e ajudando-nos a nos tornarmos completos em nós mesmos. Esse amor é baseado na liberdade, não em expectativas nem na necessidade. Em suas asas, somos levados cada vez mais alto em direção ao amor universal, que vivencia tudo como uma coisa só.

VI

Os Amantes

◆ ◆ ◆

É preciso ter em mente estas três coisas: o amor de nível inferior é o sexo – este é físico – e o refinamento maior do amor é a compaixão. O sexo encontra-se abaixo do amor, a compaixão está acima dele; o amor fica exatamente no meio.

Bem pouca gente sabe o que é o amor. Noventa e nove por cento das pessoas, infelizmente, pensam que sexualidade é amor – não é. A sexualidade é por demais animal; certamente, ela contém o potencial para transformar-se em amor, mas ainda não é amor, apenas potencial...

Se você se tornar consciente e alerta, meditativo, então o sexo poderá ser transformado em amor. E se a sua atitude meditativa tornar-se total, absoluta, o amor poderá ser transformado em compaixão. O sexo é a semente, o amor é a flor, compaixão é a fragrância.

Buda definiu a compaixão como sendo "amor mais meditação". Quando o seu amor não é apenas um desejo pelo outro, quando o seu amor não é apenas uma necessidade, quando o seu amor é um compartilhar, quando seu amor não é de um pedinte, mas de um imperador, quando o seu amor não está pedindo nada em troca, mas está pronto para dar apenas – dar só pela total alegria de dar –, então, acrescente a meditação a ele, e a pura fragrância é exalada. Isso é compaixão; compaixão é o fenômeno mais elevado.[7]

COMENTÁRIO

O véu da ilusão ou maya, *que tem estado impedindo que você perceba a realidade como ela é, está começando a queimar-se. Tal fogo não é a chama aquecida da paixão, mas a flama fria da consciência. À medida que o véu vai sendo queimado, o rosto de um buda muito delicado e infantil torna-se visível.* ✦ *A consciência que está crescendo em você neste momento não é o resultado de algum "fazer" consciente, nem é preciso que você se esforce para fazer alguma coisa acontecer. Qualquer impressão que você possa ter de que vinha tateando no escuro está se desfazendo agora, ou logo se dissipará. Deixe-se assentar, e lembre-se de que, bem no fundo, você é apenas uma testemunha, eternamente silenciosa, consciente e imutável. Um canal está se abrindo agora a partir da esfera de atividades até o centro do testemunhar. Ele o ajudará a atingir o desapego, e uma nova consciência removerá o véu dos olhos.*

ARCANOS MAIORES

Consciência

◆ ◆ ◆

A mente nunca pode ser inteligente – só a não mente é inteligente. Só a não mente é original e radical. Só a não mente é revolucionária – revolução em ação.

A mente lhe dá uma espécie de estupor. Sobrecarregado pelas lembranças do passado, sobrecarregado pelas projeções do futuro, você vai vivendo – num nível mínimo. Não vive no máximo. A sua chama permanece muito fraca. Uma vez que você começa a deixar de lado os pensamentos, a poeira que você acumulou no passado, a chama se ergue – límpida, clara, viva, jovem. A sua vida como um todo se transforma em uma chama, e uma chama sem nenhuma fumaça. Isto é o que é a consciência.[8]

COMENTÁRIO

Esta carta mostra uma pequena flor silvestre que enfrentou o desafio das rochas, das pedras em seu caminho, para aflorar à luz do dia. Envolta em brilhante aura de luz dourada, ela exibe a majestade do seu pequenino ser. Sem nenhum constrangimento, equipara-se ao sol mais brilhante. ✦ Quando nos defrontamos com uma situação muito difícil, há sempre uma escolha: podemos ficar repletos de ressentimentos e tentar encontrar alguém ou alguma coisa em que pôr a culpa pelas nossas dificuldades, ou podemos enfrentar o desafio e crescer. A flor nos mostra o caminho, à medida que a sua paixão pela vida a conduz para fora da escuridão, para o mundo da luz. Não há nenhum sentido em se lutar contra os desafios da vida, ou tentar evitá-los ou negá-los. Eles estão aí, e se a semente deve transformar-se na flor, precisamos passar por eles. Seja corajoso o bastante para transformar-se na flor que você foi feito para ser.

VIII

CORAGEM

♦ ♦ ♦

A semente não pode saber o que lhe vai acontecer, a semente jamais conheceu a flor. E a semente não pode nem mesmo acreditar que traga em si a potencialidade para transformar-se em uma bela flor. Longa é a jornada, e sempre será mais seguro não entrar nessa jornada, porque o percurso é desconhecido, e nada é garantido. Nada pode ser garantido. Mil e uma são as incertezas da jornada, muitos são os imprevistos — e a semente sente-se em segurança, escondida no interior de um caroço resistente. Ainda assim ela arrisca, esforça-se; desfaz-se da carapaça dura que é a sua segurança, e começa a mover-se. A luta começa no mesmo momento: a batalha com o solo, com as pedras, com a rocha. A semente era muito resistente, mas a plantinha será muito, muito delicada, e os perigos serão muitos.

Não havia perigo para a semente, a semente poderia ter sobrevivido por milênios, mas para a plantinha os perigos são muitos. O brotinho lança-se, porém, ao desconhecido, em direção ao sol, em direção à fonte de luz, sem saber para onde, sem saber por quê. Enorme é a cruz a ser carregada, mas a semente está tomada por um sonho, e segue em frente.

Semelhante é o caminho para o homem. É árduo. Muita coragem será necessária.[9]

COMENTÁRIO

Quando não existe "alguém significativo" em nossa vida, podemos, tanto nos sentir solitários, quanto desfrutar a liberdade que a solidão traz. Quando não encontramos apoio entre os outros para as nossas verdades sentidas profundamente, podemos nos sentir isolados e amargurados, ou então celebrar o fato de que o nosso modo de ver as coisas é seguro o bastante, até para sobreviver à poderosa necessidade humana de aprovação da família, dos amigos, dos colegas. Se você está enfrentando uma tal situação neste momento, tome consciência de como está optando por encarar a sua "solitude", e assuma a responsabilidade pela escolha que fez. ✦ A figura humilde desta carta brilha com uma luz que emana do seu interior. Uma das contribuições mais significativas do Buda Gautama para a vida espiritual da humanidade foi insistir junto a seus discípulos: "Seja uma luz para você mesmo." Afinal de contas, cada um de nós deve desenvolver em si a capacidade de abrir o seu próprio caminho através da escuridão, sem quaisquer companheiros, mapas ou guia.

IX — ARCANOS MAIORES

Solitude

+ + +

Quando você está sozinho, você não está só, está simplesmente solitário – e há uma grande diferença entre solidão e solitude. Quando você está em solidão, fica pensando no outro, sente a falta do outro.

A solidão é um estado de espírito negativo. Você fica sentindo que seria melhor se o outro estivesse ali – seu amigo, sua esposa, sua mãe, a pessoa amada, seu marido. Seria bom se o outro estivesse ali, mas ele não está.

Solidão é ausência do outro. Solitude é a presença de si mesmo. A solitude é muito positiva. É uma presença, uma presença transbordante. Você se sente tão pleno de presença que pode preencher o universo inteiro com a sua presença, e não há nenhuma necessidade de ninguém.[10]

COMENTÁRIO

O símbolo desta carta é uma roda enorme que representa o tempo, o destino, o karma. Galáxias orbitam em torno desse círculo que está em constante movimento, e os doze signos do zodíaco aparecem à sua volta. Na parte de dentro da circunferência estão os oito trigramas do I Ching, e mais próximo ao centro aparecem as quatro direções, cada qual iluminada pela energia do relâmpago. O triângulo giratório neste momento está apontando para cima, em direção ao divino, e o símbolo chinês do yin e yang, macho e fêmea, o criativo e o receptivo, fica no centro. ✦ Com frequência tem sido dito que a única coisa que não muda no mundo é a própria mudança. A vida está mudando continuamente, evoluindo, morrendo e renascendo. Todos os opostos têm um papel nesse vasto esquema circular. Se você se agarrar à borda da roda, poderá ficar tonto! Avance em direção ao centro do ciclone e relaxe, sabendo que esse estado também passará.

ARCANOS MAIORES

Mudança

✦ ✦ ✦

A vida segue repetindo-se despreocupadamente – e a menos que você se torne muito consciente, ela continuará se repetindo, como uma roda. Por isso é que os budistas chamam a isso de roda da vida e da morte – roda do tempo. Tudo se movimenta como uma roda: ao nascimento se segue a morte, à morte o nascimento; ao amor se segue o ódio, ao ódio o amor; ao sucesso se segue o fracasso, ao fracasso o sucesso. Basta olhar à volta!

Se lhe for possível observar apenas por alguns dias, você perceberá um padrão se definindo: o esquema da roda. Em um dia, numa bela manhã, você se sente tão bem, tão feliz e, no outro dia, está chateado, tão infeliz, que começa a pensar em cometer suicídio. Há apenas alguns dias você se sentiu tão cheio de vida, tão abençoado, que agradecia a Deus pois você estava num estado de espírito de profunda gratidão, e hoje há um grande sentimento de inconformismo, e você não vê razão que justifique continuar vivendo... E essa alternância vai se repetindo, mas a gente não chega a perceber o padrão.

Uma vez que você perceba o padrão, você pode libertar-se dele.[11]

COMENTÁRIO

A predominância do vermelho nesta carta indica, logo à primeira vista, que o seu tema é a energia, o poder e a força. A aura brilhante emana do plexo solar ou centro de poder da figura, e a sua postura é de exuberância e determinação. Todos nós atingimos ocasionalmente um ponto em que "bastante é o bastante". Nesses momentos parece que precisamos fazer alguma coisa, qualquer coisa, ainda que mais tarde essa coisa se revele um engano. Precisamos deixar de lado as cargas e restrições que nos estão limitando. Se não fazemos isso, elas ameaçam sufocar e neutralizar nossa própria energia vital. ✦ Se neste momento você está sentindo que "bastante é o bastante", aceite o risco de romper com os velhos padrões e limitações que têm impedido a sua energia de fluir. Ao fazê-lo, você ficará surpreso com a vitalidade e com a energia que essa Ruptura trará à sua vida.

ARCANOS MAIORES

RUPTURA

♦ ♦ ♦

Converter a derrocada em ruptura, eis toda a função de um mestre. Um psicoterapeuta simplesmente põe remendos. Essa é a sua função. Ele não está ali para transformá-lo. Você precisa de uma metapsicologia – a psicologia dos budas.

Sofrer uma derrocada conscientemente é a maior aventura da vida. É o maior risco, porque não há nenhuma garantia de que a derrocada se transformará em uma ruptura. Ela se transforma, mas essas coisas não podem ser garantidas. O caos em que você se encontra é muito antigo – por muitas, muitas vidas você tem estado no caos. Trata-se de um caos espesso e denso. É quase um universo em si mesmo. Portanto, quando você o desafia com sua capacidade limitada, é claro que há perigo. Sem desafiar, porém, esse perigo, ninguém jamais se tornou integrado, ninguém jamais se tornou um indivíduo, indivisível.

O Zen, ou a meditação, é o método que irá ajudá-lo a passar através do caos, pela noite escura da alma, com equilíbrio, disciplinado, alerta.

O alvorecer não está muito longe, mas antes que lhe seja possível alcançar o nascer do dia, a noite escura precisará ser atravessada. À medida que a alvorada for se aproximando, a noite se tornará ainda mais escura.[12]

O JOGO TRANSCENDENTAL DO ZEN ♦ 45

COMENTÁRIO

A figura desta carta está nascendo de novo, emergindo de suas raízes presas à terra e criando asas para voar em direção ao ilimitado. As formas geométricas em volta do seu corpo mostram as muitas dimensões da vida que estão simultaneamente ao seu alcance. O quadrado representa a parte física, o que está manifesto, o conhecido. O círculo representa o não manifesto, o espírito, o espaço puro. E o triângulo simboliza a natureza trina do universo: o manifesto, o não manifesto, e o ser humano que contém a ambos. ✦ Você está tendo agora uma oportunidade para enxergar a vida em todas as suas dimensões, das suas profundezas às alturas. Elas existem lado a lado, e, quando descobrimos pela experiência que o escuro e o difícil são tão necessários quanto o claro e o fácil, passamos a ter uma perspectiva muito diferente do mundo. Ao deixarmos que todas as cores da vida penetrem em nós, tornamo-nos mais integrados.

XII — ARCANOS MAIORES

Nova Visão

♦ ♦ ♦

Quando você se abre para o supremo, imediatamente ele se derrama dentro de você. Você já não é mais um ser humano comum – você transcendeu. Seu *insight* transformou-se no *insight* da existência como um todo. Agora, você não é mais um ser à parte – você encontrou as suas raízes. Não sendo assim – o que é o mais comum –, as pessoas vão vivendo sem raízes, sem saber de onde o seu coração continua recebendo energia, sem saber quem continua respirando em seu interior, sem conhecer a seiva da vida que está circulando dentro delas.

Não se trata do corpo, e não se trata da mente – é alguma coisa transcendental a todas as dualidades, que se denomina *bhagavat* – o *bhagavat* nas dez direções...

O seu ser interior, quando se abre, vivencia inicialmente duas direções: a altura e a profundidade. Depois, devagarinho, à medida que se vai acostumando com essa situação, você começa a olhar em volta, estendendo-se em todas as outras oito direções.

Quando você alcançar o ponto em que a sua altura e a sua profundidade se encontram, então você poderá olhar em volta, para a própria circunferência do universo.

A partir desse momento, a sua consciência começará a desdobrar-se em todas as dez direções, mas o caminho terá sido só um.[13]

O JOGO TRANSCENDENTAL DO ZEN ♦ 47

COMENTÁRIO

A figura central desta carta está sentada sobre a enorme flor do vazio, e segura os símbolos da transformação – a espada que corta a ilusão, a serpente que se rejuvenesce trocando de pele, a corrente partida das limitações, e o símbolo yin/yang da transcendência da dualidade. Uma das mãos repousa no seu colo, aberta e receptiva. A outra está embaixo, tocando a boca de um rosto adormecido, simbolizando o silêncio que se instaura quando estamos em repouso. ✦ Este é um momento para uma passividade profunda. Aceite qualquer dor, tristeza ou dificuldade, conforme-se com o "fato consumado". É muito semelhante à experiência do Buda Gautama quando, após anos de busca, ele finalmente desistiu, sabendo que não havia nada mais que pudesse fazer. Naquela mesma noite ele se tornou iluminado. A transformação chega, como a morte, no seu devido momento. E também como a morte, ela transporta você de uma dimensão para outra.

ARCANOS MAIORES

Transformação

♦ ♦ ♦

Um mestre de Zen não é simplesmente um professor. Em todas as religiões, há apenas professores. Eles ensinam a respeito de assuntos que você não conhece, e lhe pedem para acreditar no que dizem, porque não há jeito de transformar essa experiência em realidade objetiva. O professor tampouco as vivenciou – ele acreditou nelas, e transmite a sua crença para outras pessoas. O Zen não é o mundo do crente. Não é para fiéis; o Zen é destinado àquelas almas ousadas que são capazes de desfazer-se de toda crença, descrença, dúvida, razão, mente, e mergulhar simplesmente na sua existência pura, sem fronteiras.

Ele traz, porém, uma transformação tremenda. Permitam-me, portanto, dizer que, enquanto outros caminhos estão envolvidos com filosofias, o Zen está envolvido com metamorfose, com uma transformação. Trata-se de uma alquimia autêntica: o Zen transforma você de metal comum em ouro. Mas a sua linguagem precisa ser entendida, não com o seu raciocínio e o seu intelecto, mas com o seu coração amoroso. Ou até mesmo simplesmente escutar, sem se importar se é verdade ou não. Um momento chega, repentinamente, em que você enxerga aquilo que não percebeu a vida inteira. De repente, abre-se aquilo que o Buda Gautama denominou "oitenta e quatro mil portas".[14]

COMENTÁRIO

A imagem da integração é a união mística, a fusão dos opostos. Este é um momento de comunicação entre dualidades da vida, anteriormente vivenciadas. Em vez da noite opondo-se ao dia, a escuridão suprimindo a luz, as polaridades estarão trabalhando juntas para criar um todo unificado, transformando-se ininterruptamente uma na outra, cada qual contendo a semente do seu oposto no seu âmago mais profundo. ✦ A águia e o cisne são ambos seres alados e majestosos. A águia é a encarnação do poder e da solitude. O cisne é a corporificação do espaço e da pureza, flutuando e mergulhando com suavidade no elemento das emoções, totalmente satisfeito e realizado em sua perfeição e beleza. ✦ Nós somos a união da águia com o cisne: macho e fêmea, fogo e água, vida e morte. A carta da integração é o símbolo da autocriação, da vida nova e da união mística, conhecida também como alquimia.

ARCANOS MAIORES

Integração
♦ ♦ ♦

O conflito está no homem. A menos que seja resolvido ali, não poderá ser resolvido em nenhum outro lugar. O desafio político está dentro de você; ele acontece entre as duas partes da mente.

Há uma ponte muito pequena. Se essa ligação for rompida por algum acidente, por algum defeito fisiológico ou por alguma outra razão, a pessoa fica dividida: ela se tornará duas pessoas – e o fenômeno da esquizofrenia ou personalidade dividida se manifestará. Se a ponte for rompida – e é uma ponte muito frágil –, então você se transformará em dois, passará a agir como duas pessoas. Pela manhã, você é muito amável, uma pessoa encantadora; à tarde, está muito bravo, completamente diferente. Você não irá lembrar-se de como foi de manhã...e como poderia lembrar-se? Era uma outra mente que estava funcionando – e a pessoa se transforma em duas pessoas. Se essa ponte for fortalecida o bastante para que as duas mentes deixem de ser duas e se tornem uma só, então acontecerá a integração, a cristalização. Aquilo que George Gurdjieff costumava chamar de cristalização do ser é apenas a transformação dessas duas mentes em uma só, o encontro do masculino e do feminino dentro de nós, o encontro do *yin* e do *yang*, o encontro do esquerdo com o direito, o encontro da lógica com o ilógico, o encontro de Platão com Aristóteles.[15]

COMENTÁRIO

Esta carta lembra uma antiga história Zen a respeito de um leão que foi criado por ovelhas, e pensava que era uma delas, até que um velho leão o capturou e o levou até um lago, onde lhe mostrou o seu próprio reflexo. Muitos de nós somos como esse leão – a imagem que temos de nós mesmos não advém da nossa própria vivência direta, mas das opiniões dos outros. Uma "personalidade" imposta de fora substitui a individualidade que poderia ter-se desenvolvido de dentro. Nós nos tornamos apenas mais uma ovelha no rebanho, incapazes de nos movermos livremente, e inconscientes da nossa verdadeira identidade. ✦ É hora de dar uma olhadela no seu próprio reflexo no lago, e de tomar a iniciativa de libertar-se do que quer que lhe tenha sido imposto como condicionamento pelos outros, com o objetivo de fazer você acreditar em qualquer coisa a seu respeito. Dance, corra, mexa-se, fale uma língua inexistente – tudo o que for necessário para acordar o leão adormecido dentro de você.

CONDICIONAMENTO

✦ ✦ ✦

A menos que você abandone a sua personalidade, você não será capaz de encontrar a sua individualidade. A individualidade é dada pela existência; a personalidade é imposta pela sociedade. Personalidade é conveniência social.

A sociedade não pode tolerar a individualidade porque a individualidade não acompanhará o rebanho, como uma ovelha. A individualidade tem a natureza do leão: o leão move-se sozinho.

As ovelhas estão sempre em rebanho, na esperança de que estar em grupo será aconchegante. Em meio à multidão, o indivíduo sente-se mais protegido, seguro. Se alguém atacar, na multidão há todas as possibilidades de você se salvar. Mas, e estando só? – apenas os leões andam sós.

Cada um de vocês nasceu leão, mas a sociedade está sempre condicionando, programando a mente de vocês como ovelhas. Ela lhes imprime uma personalidade, uma personalidade agradável, simpática, muito conveniente, muito obediente.

A sociedade quer escravos, não pessoas que sejam absolutamente dedicadas à liberdade. A sociedade quer escravos porque os interesses estabelecidos querem obediência.[16]

COMENTÁRIO

A carta mostra uma torre sendo queimada, destruída, explodida. Um homem e uma mulher se atiram dela, não por quererem isso, mas porque não há escolha. No fundo, aparece uma figura transparente, meditativa, representando a consciência que a tudo assiste. ✦ Talvez você esteja se sentindo muito abalado neste exato momento, como se a terra tremesse sob seus pés. O seu sentido de segurança está sendo desafiado, e a tendência natural é tentar segurar-se em tudo que estiver ao seu alcance. Esse terremoto interior, porém, é tanto necessário quanto tremendamente importante — se você aceitar que ele aconteça, você emergirá dos escombros mais forte e mais disponível a novas experiências. Depois do incêndio, a terra é repovoada; após a tempestade o ar apresenta-se limpo. Tente assistir à destruição com desprendimento, quase como se isso estivesse acontecendo com uma outra pessoa. Diga "sim" ao processo ao encontrá-lo a meio caminho.

ARCANOS MAIORES

Relâmpago

✦ ✦ ✦

O que a meditação faz lentamente, um forte brado do mestre, inesperado, na situação em que o discípulo está fazendo uma pergunta e o mestre pula e grita, ou lhe dá um golpe firme, ou o atira porta afora, ou salta sobre ele... Tais métodos não eram conhecidos. Foi simplesmente a genialidade muito criativa de Ma Tzu, e ele levou muitas pessoas à iluminação.

Algumas vezes parece hilariante: ele joga um homem pela janela de um prédio de dois andares, e o homem só havia ido perguntar-lhe sobre o que devia meditar. Ma Tzu não apenas o atirou como saltou em seguida, caiu por cima dele, sentou-se no seu peito e perguntou: "Entendeu?!".

O pobre sujeito respondeu "Sim!", porque se dissesse "Não", o mestre seria capaz de bater nele, ou de fazer qualquer outra coisa. Aquilo já era o bastante – seu corpo estava arrebentado e Ma Tzu, sentado no seu peito, perguntando: "Entendeu?!".

De fato ele entendeu, e justamente por aquilo ter sido tão repentino, inesperado; ele nunca poderia ter imaginado uma coisa daquelas.[17]

COMENTÁRIO

A receptividade silenciosa de uma noite estrelada de lua cheia, semelhante à de um espelho, reflete-se abaixo no lago coberto de névoa. O rosto que aparece no céu está em meditação profunda: uma deusa da noite que traz profundidade, paz e compreensão.

✦ Este é um momento muito precioso. Será fácil para você repousar internamente, e sondar as origens do seu próprio silêncio interior até o ponto em que ele se confunde com o silêncio do universo.

✦ Não há nada para fazer, lugar nenhum aonde ir, e a marca do seu silêncio interior permeia tudo o que você faz. Isso poderia deixar algumas pessoas sentirem-se desconfortáveis, acostumadas que estão com todo o barulho e atividade do mundo. Não importa. Procure encontrar as pessoas capazes de entrar em sintonia com o seu silêncio, ou então desfrute a sua solitude. Este é o momento de reencontrar-se consigo mesmo. A compreensão e os insights que lhe ocorrem nesses instantes manifestar-se-ão mais tarde, em uma fase de maior extroversão da sua vida.

XVII

SILÊNCIO

♦ ♦ ♦

A energia do todo apossou-se de você. Você está possuído, você nem mesmo existe mais: o que existe é o todo. Neste momento, à medida que o silêncio o penetra, você vai sendo capaz de compreender a significância dele, porque ele é o mesmo silêncio vivenciado pelo Buda Gautama. É o mesmo silêncio de Chuang Tzu ou Bodhidharma, de Nansen... O sabor do silêncio é o mesmo.

Os tempos mudam, o mundo continua se transformando, mas a experiência do silêncio, a alegria que vem dele, permanece a mesma. Essa é a única coisa em que você pode confiar, a única coisa que nunca morre. Esta é a única coisa que você pode chamar de seu próprio ser.[18]

COMENTÁRIO

As mãos da existência assumem a forma dos órgãos genitais femininos, a abertura da mãe cósmica. Em seu interior se revelam muitas imagens, rostos de outros tempos. Conquanto possa ser divertido fantasiar a respeito de vidas passadas famosas, isso não passa de uma distração. O importante é enxergar e entender os padrões kármicos das nossas vidas e as suas raízes, em um ciclo repetitivo sem fim que nos aprisiona em um comportamento inconsciente.
✦ Os dois lagartos com as cores do arco-íris, um de cada lado, representam o saber e o não saber. São os guardiães do inconsciente, certificando-se de que estejamos preparados para uma visão que, de outra forma, poderia ser dilacerante. Um vislumbre da eternidade da nossa existência constitui uma dádiva, e o entendimento da função do karma em nossa vida não é algo que possa ser conseguido quando se quer. Este é um chamado para que você desperte: os acontecimentos em sua vida estão tentando fazê-la enxergar um padrão tão antigo quanto a jornada da sua própria alma.

XVIII

ARCANOS MAIORES

Vidas Passadas

✦ ✦ ✦

A criança poderá tornar-se consciente somente se, na sua vida anterior, houver meditado o suficiente, se houver criado suficiente energia meditativa para lutar contra a escuridão que a morte traz. O indivíduo encontra-se simplesmente perdido em um esquecimento e, então, de repente, encontra um novo útero e esquece completamente do corpo antigo. Há uma descontinuidade. Essa escuridão, essa inconsciência gera a descontinuidade.

O Oriente tem trabalhado arduamente para penetrar essas barreiras. E o trabalho de dez mil anos não foi em vão. Todos podem adentrar sua vida anterior, e até muitas vidas passadas. Para que isso seja possível, porém, é necessário que você se aprofunde na sua meditação, e por duas razões: a menos que você se aprofunde, você não será capaz de encontrar a passagem para uma outra vida; em segundo lugar, é preciso que você tenha ido muito fundo na meditação porque, caso você encontre a passagem para uma outra vida, uma profusão de acontecimentos invadirá a sua mente.

Já é bastante difícil carregar apenas uma vida...[19]

COMENTÁRIO

O velho desta carta irradia no mundo uma satisfação de criança. Há uma atmosfera de graça à sua volta, indicando que ele está bem consigo mesmo, e com o que a vida lhe proporcionou. Parece que ele está conversando alegremente com o louva-a-deus em seu dedo, como se os dois fossem os maiores amigos. As flores cor-de-rosa que cascateiam em torno dele representam um tempo de deixar-acontecer, de relaxamento e doçura. Elas são uma resposta à sua presença, um reflexo da sua própria natureza.
✦ A inocência que advém de uma profunda experiência de vida é semelhante à de uma criança, sem ser infantil. A inocência das crianças é bela, mas ignorante. Ela será substituída por desconfiança e dúvida à medida que a criança for crescendo e aprendendo que o mundo pode ser um lugar perigoso e ameaçador. A inocência, porém, de uma vida plenamente vivida tem um quê da sabedoria e da aceitação do milagre da vida em eterna mudança.

ARCANOS MAIORES

Inocência

✦ ✦ ✦

O Zen diz que se você abandonar o conhecimento – e dentro do conhecimento inclui-se tudo: seu nome, sua identidade, tudo… porque tudo isso lhe foi dado pelos outros –, se você abandonar tudo o que lhe foi dado pelos outros, você adquirirá uma qualidade totalmente diferente de ser – a inocência.

Isso será uma crucificação da *persona*, da personalidade, e haverá uma ressurreição da sua inocência; você se tornará outra vez uma criança, renascida.[20]

COMENTÁRIO

A borboleta, nesta carta, representa o exterior, aquilo que está constantemente se transformando, aquilo que não é real, mas uma ilusão. Por detrás da borboleta está a face da consciência, olhando para dentro, para aquilo que é eterno. O espaço entre os dois olhos abriu-se, revelando o lótus do desenvolvimento espiritual e o sol da consciência que se levanta. Através da ascensão do sol interior, nasce a meditação. ✦ A carta nos lembra de não olhar para fora à procura do que é real, mas olhar antes para dentro de nós mesmos. Quando nos concentramos no mundo exterior, com frequência nos assaltam os julgamentos — isto é bom, isto é ruim, isto eu quero, aquilo eu não quero. Tais julgamentos nos mantêm prisioneiros das nossas ilusões, da nossa sonolência, dos nossos velhos hábitos e padrões. Abandone sua mente opiniosa e mova-se para dentro. Lá você poderá relaxar no seio da sua própria verdade mais profunda, onde a diferença entre sonhos e realidade já é conhecida.

ARCANOS MAIORES

Além da Ilusão

♦ ♦ ♦

Esta é a única distinção entre o sonho e o real: a realidade permite-lhe duvidar e o sonho não lhe permite duvidar...

Para mim, a capacidade de duvidar é uma das maiores bênçãos da humanidade. As religiões comportam-se como inimigas, porque podam as próprias raízes da dúvida; e existe uma razão para que elas ajam assim: elas querem que as pessoas acreditem em determinadas ilusões que elas vivem pregando...

Por que motivo pessoas como o Buda Gautama têm insistido tanto em que a existência inteira – com exceção do seu eu que a tudo testemunha, com exceção da sua consciência – é efêmera, feita do mesmo material de que são feitos os sonhos? Elas não estão afirmando que aquelas árvores não se encontram ali. Não estão dizendo que aqueles pilares não estão lá. Não entenda mal por causa da palavra 'ilusão' (*maya*)... A palavra foi traduzida como "ilusão", mas 'ilusão' não é a palavra certa. Ilusão é algo que não existe. A realidade existe. "*Maya*" fica exatamente entre as duas – algo que quase existe. No que diz respeito a atividades do dia a dia, *maya* pode ser tomada como realidade. Apenas no seu sentido máximo – a partir do ápice da sua iluminação –, as coisas se revelam irreais, ilusórias.[21]

COMENTÁRIO

Aqui, a última peça de um quebra-cabeça está sendo colocada em seu lugar: a posição do terceiro olho, o lugar da percepção interior. Mesmo no fluxo sempre mutável da vida, há instantes em que chegamos a um ponto de completude. Nesses momentos, somos capazes de apreender o quadro completo, o conjunto de todas as pequenas peças que ocuparam por tanto tempo a nossa atenção. No momento da conclusão, podemos tanto nos sentir em desespero — porque não queremos que aquela situação chegue a um fim —, como podemos nos sentir agradecidos e receptivos ao fato de que a vida é cheia de conclusões e de novos começos. ✦ O que quer que tenha estado absorvendo o seu tempo e sua energia, agora está chegando ao fim. Ao concluir isso, você estará criando condições para que alguma coisa nova possa começar. Use essa pausa momentânea para celebrar ambas as coisas: o encerramento do velho e a chegada do novo.

XXI

ARCANOS MAIORES

*C*OMPLETUDE

◆ ◆ ◆

Este é o jeito Zen: não dizer as coisas até o fim. Isso precisa ser compreendido, pois é uma metodologia muito importante. Não dizer tudo significa dar uma oportunidade para que o ouvinte complete o que está sendo dito. Todas as respostas vêm incompletas. O mestre só lhe terá dado uma direção... No momento em que você chegar ao limite, saberá o que irá permanecer.

Sendo assim, se alguém estiver tentando compreender o Zen intelectualmente, irá fracassar. Não se trata de uma resposta para uma pergunta, mas de algo maior do que a resposta. Trata-se da indicação da própria realidade... A natureza do buda não é coisa muito distante: a sua própria consciência é natureza de buda. E a sua consciência é capaz de testemunhar as coisas que constituem o mundo. O mundo chegará a um fim, mas o espelho permanecerá, espelhando o nada.[22]

COMENTÁRIO

No Zen, o Mestre não é um mestre de outros, mas um mestre de si mesmo. Cada gesto seu, e cada uma de suas palavras, refletem a sua condição de iluminado. Ele não tem objetivos pessoais, nenhum desejo de que alguma coisa possa ser diferente do que é. Seus discípulos se reúnem à sua volta, não para segui-lo, mas para embeber-se da sua presença e para serem inspirados pelo seu exemplo. Nos olhos do mestre, eles encontram a própria verdade deles refletida, e no seu silêncio eles encontram com maior facilidade o seu próprio silêncio interior. O Mestre dá as boas-vindas aos discípulos, não porque queira liderá-los, mas porque ele tem muito para compartilhar. Juntos, eles criam um campo de força que dá apoio a cada um isoladamente, para que encontre a sua própria luz. ✦ Se puder encontrar um mestre assim, você será um abençoado. Se não puder, continue procurando. Aprenda com os professores, com os candidatos a mestre, e siga em frente. *Charaiveti, charaiveti, disse o Buda Gautama. Siga em frente.*

O Mestre

♦ ♦ ♦

Além da mente, existe uma percepção intrínseca, que não vem de fora e não é uma ideia – nenhuma experiência científica até hoje conseguiu localizar um centro, no cérebro, que corresponda a essa percepção. Todo o trabalho da meditação se resume em nos tornar consciente de tudo que é "mente", e em romper a identificação entre nós e ela. Essa separação é a maior revolução que pode acontecer ao ser humano.

Assim você conseguirá fazer e vivenciar apenas aquilo que o torna mais alegre, que o preenche, que lhe dá contentamento, que transforma sua existência em obra de arte, em beleza. Mas isso só é possível se o senhor dentro de você estiver desperto. No momento, ele dorme. E a mente – a serva – desempenha o papel do senhor. Ora, essa serva não é sequer *sua* serva; foi criada pelo mundo exterior, obedece ao mundo exterior e às suas leis.

Quando se torna uma chama, a percepção consome inteiramente a escravidão que a mente engendrou. Não há bênção mais preciosa que a liberdade, que o domínio do próprio destino.[23]

COMENTÁRIO

O mestre Zen, nesta carta, domesticou a energia do fogo e é capaz de utilizá-la para fins criativos, em vez de usá-la para a destruição. Ele nos convida a reconhecer e a participar com ele da compreensão que é própria dos que estabeleceram seu domínio sobre os fogos da paixão, sem reprimi-los, mas também sem permitir que eles se tornem destrutivos e desequilibrados. Ele é tão integrado que já não há qualquer diferença entre quem ele é por dentro e quem ele é no mundo exterior. Esta dádiva da compreensão e integração, ele oferece a todos aqueles que o procuram: a dádiva da luz criativa que flui do centro do seu ser. ✦ O Rei do Fogo nos diz que qualquer coisa a que nos proponhamos agora, com o entendimento que vem da maturidade, trará enriquecimento à nossa vida e à vida de outras pessoas. É tempo de expressar-se utilizando quaisquer habilidades que você tenha, o que quer que você tenha aprendido com a sua própria experiência de vida.

O Criador

♦ ♦ ♦

Existem dois tipos de criadores no mundo: um deles trabalha com objetos – um poeta, um pintor, trabalham com objetos e criam coisas; o outro tipo de criador, o místico, cria a si mesmo. Ele não trabalha com objetos, trabalha com o subjetivo; trabalha em si mesmo, no seu próprio ser. Este é o verdadeiro criador, o verdadeiro poeta, porque transforma a si mesmo numa obra-prima.

Você leva uma obra-prima escondida dentro de si, mas você mesmo está obstruindo o caminho. Dê um passo para o lado, e a obra de mestre será revelada. Cada um de nós é uma obra-prima, porque Deus nunca gera coisa alguma menor do que isso. Cada qual carrega escondida essa obra de arte por muitas vidas, sem saber quem é, e tentando apenas superficialmente tornar-se alguém.

Abandone a ideia de vir a ser alguém, porque você já é uma obra-prima. Você não pode ser aperfeiçoado. Você tem apenas de se aproximar dela, de conhecê-la, de percebê-la. Deus criou você com suas próprias mãos; você não pode ser aperfeiçoado.[24]

COMENTÁRIO

A Rainha do Fogo é tão rica, tão régia, que pode permitir-se dar presentes. Nem lhe ocorre a ideia de fazer um inventário do que tem, ou de deixar alguma coisa de lado para o futuro. Ela distribui os seus tesouros sem restrições, recebendo a todos sem distinção, para que participem da abundância, da fertilidade, e da luz que a envolve. ✦ Quando você tira esta carta, isso sugere que você também se encontra em uma situação que lhe dá a oportunidade de compartilhar o seu amor, a sua alegria, e o seu riso. Ao compartilhá-los, você descobrirá que se sente ainda mais pleno. Não há necessidade de ir a parte alguma nem de fazer nenhum esforço extraordinário. Você descobre que é capaz de desfrutar a sensualidade sem possessividade ou apego, e que pode dar origem a uma criança ou a um novo projeto, com a mesma sensação de criatividade plena.

Tudo à sua volta parece agora estar "se integrando". Desfrute isso, firme-se nisso, e permita que a abundância que está em você e ao seu redor transborde.

RAINHA DO FOGO   **O DOMÍNIO DA AÇÃO**

O Compartilhar

✦ ✦ ✦

À medida que você progride para o alto, em direção ao quarto centro — ou seja, o coração — toda a sua vida se transforma num compartilhar de amor. O terceiro centro criou a abundância de amor. Ao atingir, pela meditação, o terceiro centro, você se tornou tão transbordante de amor, de compaixão, que você quer compartilhar. Isso vem a acontecer no quarto centro — o coração.

É por isso que mesmo na vida mundana as pessoas dizem que o amor vem do coração. Para elas, entretanto, isso é apenas um papaguear, um falar por ouvir dizer; elas de fato não conhecem, porque nunca chegaram ao seu próprio coração. Mas o meditador, finalmente, chega ao coração. À medida que ele chega ao âmago do seu ser — o terceiro centro — de repente acontece uma explosão de amor, de compaixão, alegria, bem-aventurança e de êxtases, e com uma tal força que atinge o coração, e abre o coração. O coração encontra-se exatamente no meio de todos os seus sete centros — três ficam abaixo, os outros três ficam acima. Você chegou exatamente no meio.[25]

O JOGO TRANSCENDENTAL DO ZEN ✦ 71

COMENTÁRIO

A figura desta carta assumiu a forma de uma seta, movendo-se com o foco unidirecionado daquele que sabe precisamente aonde está indo. Movimenta-se com tamanha velocidade que quase se transformou em pura energia. Sua intensidade não deve porém ser confundida com a energia obsessiva que faz as pessoas dirigirem seus carros à velocidade máxima para ir do ponto A para o ponto B. Esse tipo de intensidade pertence ao mundo horizontal do espaço/tempo. A intensidade representada pelo Cavaleiro do Fogo é pertinente ao mundo vertical do momento instantâneo — um reconhecimento de que agora é o único momento que existe, e de que aqui é o único espaço. ✦ Quando você age com a intensidade do Cavaleiro do Fogo, é provável que isso provoque ondulação nas águas à sua volta. Alguns irão sentir-se valorizados e renovados pela sua presença, outros poderão sentir-se ameaçados ou incomodados. As opiniões alheias importam pouco, porém; nada poderá detê-lo neste momento.

INTENSIDADE

✦ ✦ ✦

O Zen diz: Considere todos os grandes ditos e os grandes ensinamentos como seus inimigos mortais. Evite-os, porque você precisa encontrar a sua própria fonte.

Você não tem que ser um seguidor, um imitador. Você precisa ser um indivíduo original; precisa encontrar por si mesmo o seu âmago mais profundo, sem nenhum guia, sem escrituras que o orientem. É uma noite escura, mas com a chama intensa dessa busca, você está destinado a chegar até o nascer do sol. Todos os que arderam com uma intensa procura encontraram o nascer do sol. Outros limitam-se a acreditar. Esses que acreditam não são religiosos; eles estão simplesmente evitando, com essa crença, a grande aventura da religião.[26]

COMENTÁRIO

A vida raramente é tão séria quanto acreditamos que seja, e quando reconhecemos este fato, ela responde oferecendo-nos cada vez mais oportunidades para brincar. A mulher desta carta está celebrando a alegria de estar viva, como uma borboleta que emergiu da sua crisálida para as promessas da luz. Ela nos faz lembrar do tempo em que éramos crianças, encontrando conchas na praia ou construindo castelos na areia, sem nenhuma preocupação com ondas que pudessem vir e desmanchá-los no momento seguinte. Ela sabe que a vida é um jogo, e está desempenhando neste momento o papel de um palhaço, sem nenhum constrangimento ou pretensão. ✦ Quando o Valete do Fogo entra em sua vida, é um sinal de que você está preparado para receber o novo. Alguma coisa maravilhosa está despontando no horizonte, e você tem exatamente a qualidade da inocência feliz e da lucidez, para recepcioná-la de braços abertos.

Espírito Brincalhão

✦ ✦ ✦

No momento em que você começa a enxergar a vida como uma coisa não séria, como uma brincadeira, toda a pressão sobre o seu coração desaparece. Todo o medo da morte, da vida, do amor — tudo desaparece. A pessoa começa a se sentir muito leve, ou quase sem peso nenhum. Tão leve ela se torna, que é capaz de voar no céu aberto.

A maior contribuição do Zen é oferecer-lhe uma alternativa à postura de homem sério.

O homem sério fez o mundo, o homem sério inventou todas as religiões. Ele criou todas as filosofias, todas as culturas, todas as moralidades; tudo o que existe à sua volta é uma criação do homem sério.

O Zen excluiu-se do mundo sério. Criou um mundo próprio muito divertido, cheio de risos, no qual até os grandes mestres se comportam como crianças.[27]

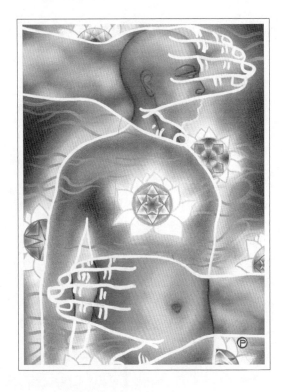

COMENTÁRIO

Este é um tempo em que as feridas do passado profundamente enterradas afloram para ser curadas. A figura desta carta apresenta-se nua, vulnerável, receptiva para o toque amoroso da existência. A aura que lhe envolve o corpo está cheia de luz, e o clima à sua volta, de relaxamento, cuidado e de amor, está dissolvendo sua tensão e sofrimento. Vários lótus de luz aparecem sobre o seu corpo físico, e por todos os corpos de energia sutil, que os que curam dizem existir em torno de cada um de nós. Em cada uma dessas camadas sutis aparece um cristal ou modelo de cura.

✦ Quando nos encontramos sob a influência de cura do Rei da Água, já não estamos mais nos escondendo de nós mesmos, nem dos outros. Nessa atitude de abertura e de aceitação poderemos ser curados, e ajudar outros a serem também saudáveis e inteiros.

A Cura

✦ ✦ ✦

Não, você é quem carrega a sua chaga. Enquanto existir o ego, o seu ser como um todo será uma ferida. E você irá carregá-la por aí. Ninguém está interessado em feri-lo, ninguém está de fato esperando para machucá-lo; todos estão ocupados em proteger os seus próprios ferimentos. Quem teria tanta energia para ainda querer atingi-lo? Mas, ainda assim, acontece, porque você está demasiado pronto para ser atingido, demasiado pronto, apenas na expectativa de que alguma coisa aconteça.

É impossível atingir um homem do Tao. Por quê? Porque não existe ninguém ali para ser atingido. Não há nenhuma ferida. Ele é saudável, curado, pleno. A palavra 'pleno' é bonita. Em inglês, a palavra 'curar' [to heal] vem de 'pleno' [whole], e a palavra 'sagrado' [holy] tem também a mesma origem. O homem de Tao é inteiro, curado, sagrado.

Tenha consciência da sua ferida. Não deixe que piore: cure-a; e ela só será curada quando você se deslocar para baixo, para as raízes. Quanto menos estiver presente a cabeça, tanto mais facilmente a ferida será curada; não existindo a cabeça, não existe a ferida. Viva uma vida sem cabeça. Mova-se como um ser pleno, e aceite as coisas. Tente isso, apenas por vinte e quatro horas: aceitação total, aconteça o que acontecer. Se alguém o insultar, aceite a ofensa, não reaja, e veja o que acontece. De repente, você sentirá fluindo em você uma energia nunca antes percebida.[28]

COMENTÁRIO

A receptividade representa a natureza feminina, passiva, da água e das emoções. Os braços da figura estão estendidos para cima, para receber, e ela apresenta-se completamente imersa na água. A figura não tem cabeça — nenhuma mente sobrecarregada e agressiva para atrapalhar a sua receptividade pura. E à medida que ela é preenchida, vai continuamente se esvaziando, transbordando e recebendo mais. O símbolo ou matriz de lótus que emerge da figura representa a harmonia perfeita do universo, que se torna aparente quando estamos em sintonia com ele. ✦ A Rainha da Água traz um tempo de desprendimento e gratidão por tudo o que a vida possa nos dar, sem quaisquer expectativas ou exigências. Nem sentimentos de obrigação, nem ideias de reconhecimento de mérito ou de recompensas são importantes. Sensibilidade, intuição e compaixão são os traços que se destacam agora, dissolvendo todos os obstáculos que nos mantêm separados uns dos outros, e do todo.

RAINHA DA ÁGUA | O DOMÍNIO DAS EMOÇÕES

Receptividade

✦ ✦ ✦

Ouvir é um dos segredos básicos para se entrar no templo de Deus. Ouvir significa passividade. Significa se esquecer completamente de si mesmo – só então você pode ouvir. Quando você ouve alguém com atenção, você se esquece de si mesmo. Se você não consegue se esquecer da sua pessoa, você nunca ouve. Estando autoconsciente demais, você simplesmente finge que está ouvindo – não ouve. Pode balançar a cabeça; dizer algumas vezes "sim" e "não" – mas você não está ouvindo.

Quando ouve, você se torna apenas uma passagem, uma passividade, uma receptividade, um útero: você se torna feminino. E, para chegar lá, a pessoa tem que se tornar feminina. Não se pode alcançar Deus como um invasor violento, um conquistador. Você só poderá alcançar Deus…ou será melhor dizer: Deus poderá alcançá-lo somente quando você estiver receptivo, uma receptividade feminina. Quando você se tornar *yin* – uma passividade –, a porta está aberta. E você espera. Escutar é a arte de se tornar passivo.[29]

O JOGO TRANSCENDENTAL DO ZEN ✦ 79

COMENTÁRIO

Este é o momento de ser aquele "ioiô humano", capaz de se atirar no vazio sem a proteção do cabo elástico amarrado aos pés! E é esta postura de confiança absoluta, sem reservas nem redes de segurança escondidas, que o Cavaleiro da Água exige de nós. Uma grande euforia nos invade quando conseguimos dar o salto para o desconhecido, ainda que essa simples ideia nos apavore. E quando adquirimos confiança ao nível do salto quântico, deixamos de fazer quaisquer planos elaborados, ou preparativos. Não dizemos: "Muito bem, confio que sei o que fazer agora: vou pôr em dia meus negócios, preparar minhas malas e levá-las comigo". Não; nós simplesmente saltamos, sem pensar muito no que virá depois. ✦ O importante é o salto, e o arrepio que ele nos provoca à medida que caímos em queda livre pelo vazio do céu. A carta nos dá, entretanto, uma "deixa" a respeito do que nos espera no outro extremo — um delicado, convidativo, um delicioso rosado...pétalas de rosa, um suculento..."Venha!"

CONFIANÇA

◆ ◆ ◆

Não desperdice a sua vida com aquilo que lhe vai ser tirado. Confie na vida. Se você confiar, só então será capaz de abandonar o seu conhecimento, só então poderá colocar de lado a sua mente. E com a confiança, algo imenso tem início. Esta vida deixa de ser uma vida comum, torna-se plena de Deus, transbordante. Quando o coração se torna inocente e as paredes desaparecem, você fica ligado ao infinito. E você não terá sido enganado; não existirá nada que lhe possa ser tomado. Aquilo que pode ser tirado de você não vale a pena guardar; e aquilo que não há como ser tirado de você, por que haveria alguém de ter medo que lhe seja tirado? – não pode ser levado, não há possibilidade. Você não pode perder o seu tesouro verdadeiro.[30]

COMENTÁRIO

O pássaro retratado nesta carta está olhando para fora do que parece ser uma gaiola. Não há porta; na verdade, as barras estão desaparecendo. As grades eram uma ilusão, e esta avezinha está sendo atraída pela graça, pela liberdade e pelo encorajamento das outras. Ela está abrindo suas asas, pronta para alçar voo pela primeira vez. ✦ O surgimento de uma nova compreensão — o de que a gaiola sempre esteve aberta e o céu sempre esteve ali para que nós o explorássemos — pode fazer com que nos sintamos um pouco abalados de início. Está bem, e é natural sentir-se chocado, mas não deixe que isso desperdice a oportunidade para vivenciar a leveza de coração e a aventura que lhe estão sendo oferecidas ali mesmo, junto com a sensação de abalo. Deixe-se levar pela delicadeza e gentileza desse momento. Sinta o bater de asas dentro de você. Abra as asas e seja livre.

VALETE DA ÁGUA　　　　　　　　　　　**O DOMÍNIO DAS EMOÇÕES**

Compreensão

♦ ♦ ♦

Você está fora da prisão, fora da gaiola; pode abrir as asas e o céu inteiro é seu. Todas as estrelas e a lua e o sol pertencem a você. Você pode desaparecer no azul do além… Basta desfazer-se do apego a essa gaiola. Saia dela, e o céu inteiro será seu.

Abra as suas asas e voe passando em frente do sol, como uma águia. No céu interior, no mundo interior, a liberdade é o valor mais alto – tudo o mais é secundário, até mesmo a bem-aventurança, o êxtase. Existem milhares de flores, elas são incontáveis, mas todas elas só se tornam possíveis em clima de liberdade.[31]

O JOGO TRANSCENDENTAL DO ZEN ♦ 83

COMENTÁRIO

Existe um tempo e um lugar para o controle, mas se nós o colocamos presidindo a nossa vida, acabamos totalmente enrijecidos. A figura desta carta apresenta-se encaixada nos ângulos das formas piramidais que a circundam. A luz pisca e reflete nas superfícies brilhantes da pirâmide, mas não penetra. É como se o personagem estivesse quase mumificado no interior dessa estrutura que construiu em volta de si mesmo. Os punhos estão crispados e o seu olhar é vazio, quase cego. A parte inferior do seu corpo, abaixo da mesa, é uma ponta de faca, um fio cortante que divide e separa. O seu mundo é organizado e perfeito, mas não é vivo – ele não pode permitir que nenhuma espontaneidade ou vulnerabilidade penetre ali. ✦ A figura do Rei das Nuvens é um lembrete para que tomemos uma respiração profunda, afrouxemos a gravata e passemos a cuidar das coisas com calma. Se houver enganos, tudo bem. Se as coisas ficarem um pouco fora de controle, isso é com certeza exatamente o que o médico prescreveu. Há muito, muito mais na vida do que estar "no controle das coisas".

CONTROLE

✦ ✦ ✦

Pessoas controladas estão sempre nervosas porque lá no fundo, o tumulto ainda está escondido. Se você não é controlado, mas é "solto", vivo, então não é nervoso. Não há motivo para estar nervoso o que quer que aconteça, acontece. Você não tem expectativas para o futuro, não está representando. Então, por que deveria ficar nervoso?

Para conseguir controlar a mente, a pessoa precisa ficar tão fria, gelada, que nenhuma entrada de energia vital é permitida nos seus membros, no seu corpo. Se essa energia tiver permissão para se mover, essas repressões virão à superfície. Por isso é que as pessoas aprenderam a manter-se frias, a tocar os outros sem de fato tocá-los, a ver as pessoas e contudo não enxergá-las. Vivemos com frases feitas – "Olá, como vai?" Ninguém quer dizer nada com isso. Essas frases são justamente para evitar o encontro real entre duas pessoas. As pessoas não se olham nos olhos, não se seguram as mãos, não procuram sentir a energia umas das outras, não se permitem o extravasamento de emoções – muito amedrontadas, dando apenas um jeito de ir levando as coisas, frias e mortas, dentro de uma camisa-de-força.[32]

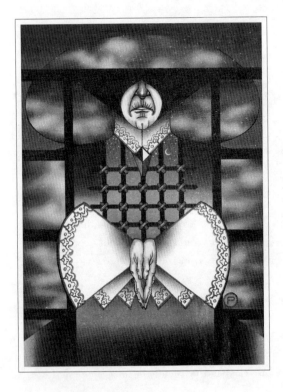

COMENTÁRIO

A moralidade tem restringido, aos estreitos limites da mente, toda a seiva e a energia da vida. Nesse confinamento, a moralidade não pode fluir, e com isso transformou-se numa "velha ameixa seca". Seu comportamento como um todo é muito "conveniente", inflexível e severo, e ela está sempre pronta a ver cada situação apenas em preto e branco, como a joia que a figura traz em volta do pescoço. ✦ A Rainha das Nuvens vive oculta na mente de todos nós que fomos criados com rígidos padrões a respeito do que é bom e do que é mau, de pecado e virtude, do que é aceitável e não aceitável, moral e imoral. É importante lembrar que todos esses julgamentos da mente são apenas produtos do nosso condicionamento. E nossos julgamentos, quer aplicados a nós mesmos ou aos outros, impedem-nos de experienciar a beleza e a natureza divina que habita dentro das pessoas. Apenas quando rompemos a prisão do nosso condicionamento e alcançamos a verdade do nosso próprio coração, é que podemos começar a enxergar a vida como ela realmente é.

MORALIDADE

♦ ♦ ♦

Bodhidharma... transcende em muito os moralistas, os puritanos, as assim chamadas "boas pessoas", os "fazedores do bem". Ele chegou à verdadeira raiz do problema.

A menos que a consciência desperte em você, toda a sua moralidade é falsa, toda a sua cultura é apenas uma camada muito fina que pode ser destruída por qualquer um. Mas, uma vez que a sua moralidade seja fruto da sua consciência, não de uma certa disciplina, então, é coisa inteiramente diferente. Nessa condição, você responderá a cada situação a partir da sua consciência. E o que quer que você faça será bom. A consciência não é capaz de fazer nada que seja ruim. Esta é a beleza suprema da consciência: qualquer coisa que surja dela é simplesmente bela, simplesmente correta, e isso sem nenhum esforço, sem nenhum treinamento.

Assim, em vez de podar folhas e galhos, corte a raiz. E para cortar a raiz, não existe caminho alternativo além de um único método: o método de manter-se alerta, de estar percebendo o que acontece, de estar consciente.[33]

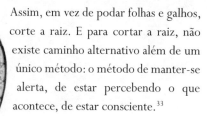

COMENTÁRIO

A figura desta carta apresenta-se completamente coberta por uma armadura. Apenas se vê o seu olhar de cólera, e o branco dos nós das mãos fechadas. Olhando a armadura mais de perto, você pode ver que ela está coberta de botões, prontos para detonar se alguém apenas roçar neles. No pano de fundo aparece a sombria sequência das imagens que passam pela mente desse homem — duas figuras lutando por um castelo. ✦ Um temperamento explosivo ou a raiva reprimida escondem com frequência um profundo sentimento de dor. Nós achamos que, espantando os outros para longe, poderemos evitar ser machucados ainda mais. Na verdade, acontece exatamente o inverso. Ao cobrir nossas feridas com a armadura, estamos impedindo que elas sejam curadas. Ao agredir os outros, impedimos a nós mesmos de receber o amor e o alimento afetivo de que precisamos. Se esta descrição parece corresponder ao seu caso, então está na hora de parar de brigar. Existe muito amor à sua disposição, basta deixá-lo entrar! Comece por perdoar a si mesmo: você merece.

A Luta

✦ ✦ ✦

Num momento estava lá, no momento seguinte desapareceu. Em determinado momento, estamos aqui, e em outro momento já passamos. E por este simples momento, quanta confusão nós armamos – quanta violência, ambição, luta, conflito, raiva, ódio.

Apenas por um momento tão breve! Estamos tão somente aguardando o trem na sala de espera de uma estação, e criando tanta confusão! Brigando, machucando-nos uns aos outros, tentando possuir, tentando comandar, tentando dominar – quanta política! Então, o trem chega, e você se foi para sempre.[34]

COMENTÁRIO

Isto é o que acontece quando nos esquecemos de que a mente foi feita para servir, e começamos a permitir que ela dirija a nossa vida. A cabeça está cheia de mecanismos, a boca não para de censurar, e toda a atmosfera em volta fica poluída por essa fábrica de argumentos e de opiniões. "Mas, espere aí!", você talvez diga. "A mente é o que nos torna humanos, é a fonte de todo progresso, de todas as grandes verdades!" Se você acredita nisso, faça uma experiência: entre no seu quarto, feche a porta, ligue um gravador, e passe a falar sem restrições o que quer que lhe venha "à mente". Se de fato você deixar que saia tudo, sem nenhuma censura ou retificação, ficará espantado de ver a quantidade de tolices que você dirá. ✦ O Valete das Nuvens está lhe dizendo que alguém, em algum lugar, está preso em uma "viagem da cabeça". Dê uma olhada, e assegure-se de que não é você.

VALETE DAS NUVENS — **O DOMÍNIO DA MENTE**

A Mente

✦ ✦ ✦

Esta é a situação da sua cabeça: vejo ali guidons de bicicleta, pedais e coisas estranhas que você foi juntando de toda parte. Uma cabeça tão pequena...e sem espaço para se viver nela! E esse material inútil fica revolvendo-se em sua cabeça; sua cabeça fica girando e trançando – e isso mantém você ocupado. Imagine só que tipos de pensamentos vão passando pela sua mente.

Qualquer dia, simplesmente sente-se, feche os olhos, e coloque no papel, durante meia hora, o que quer que passe pela sua mente. Você compreenderá o que estou querendo dizer, e ficará surpreso com o que transita no interior da sua mente. Isso tudo vai ficando nos bastidores, fica ali o tempo todo, e acaba envolvendo-o, como uma nuvem. Havendo essa nuvem, você não consegue distinguir a realidade, não consegue chegar à percepção espiritual. É preciso desfazer-se dela. E apenas com a sua decisão de descartá-la é que ela irá desaparecer. Você está apegado nela – a nuvem mesma não tem o menor interesse em você, lembre-se disso.[35]

COMENTÁRIO

Este tipo dionisíaco é o próprio retrato de um homem inteiro, um "Zorba e Buda" que pode beber vinho, dançar na praia, cantar na chuva, e ao mesmo tempo desfrutar as profundezas da compreensão e do conhecimento próprios do sábio. Em uma das mãos ele segura uma flor de lótus, demonstrando que respeita e contém em si mesmo a graça do feminino. O peito exposto (um coração aberto) e a barriga relaxada mostram que ele está à vontade com a sua masculinidade também, inteiramente pleno de si. Os quatro elementos, terra, fogo, água e céu, confluem no Rei do Arco-íris, que está sentado sobre o livro da sabedoria da vida. ✦ Se você é mulher, o Rei do Arco-íris traz para a sua vida o apoio de suas energias masculinas, uma união com a alma gêmea interior. Para um homem, esta carta representa uma oportunidade para romper com os estereótipos masculinos convencionais e permitindo que transpareça a plenitude do ser humano integral.

ABUNDÂNCIA

♦ ♦ ♦

No Oriente, as pessoas condenaram o corpo, condenaram a matéria, chamaram-na de "ilusória", de *maya*: coisa que de fato não existe, apenas parece existir; coisa feita do mesmo estofo dos sonhos. As pessoas renegaram o mundo, e esta é a razão pela qual o Oriente permaneceu pobre, doente, faminto.

Metade da humanidade tem vivido aceitando o mundo interior, mas negando o mundo exterior. A outra metade tem aceitado o mundo material, e negado o mundo interior. Ambas são metades, e homem nenhum que seja uma metade pode estar satisfeito.

É necessário ser inteiro: rico no corpo, rico em ciência; rico em meditação, rico em consciência. No meu modo de ver, apenas a pessoa inteira é uma pessoa sagrada.

Eu quero que se misturem Zorba e Buda. Zorba sozinho é vazio. Sua dança não tem significação eterna, é prazer momentâneo. Logo ele se cansará dela. A menos que você disponha de fontes inesgotáveis que lhe venham do próprio cosmos…a menos que você se torne existencial, não poderá tornar-se inteiro.

Esta é a minha contribuição para a humanidade: a pessoa inteira.[36]

COMENTÁRIO

A Rainha do Arco-íris é como uma planta fantástica que atingiu o ápice do seu florescimento e das suas cores. É muito sensual, muito cheia de vida, e plena de possibilidades. Estalando os dedos ela acompanha a música do amor, e o seu colar do zodíaco está colocado de tal maneira que Vênus repousa sobre o seu coração. As mangas da sua vestimenta contêm sementes em abundância, e, à medida que sopra o vento, elas são espalhadas para criar raízes onde lhes for possível. Não a preocupa saber se as sementes caem no solo ou sobre as pedras — ela apenas as vai espalhando por toda parte, em total celebração da vida e do amor. Flores caem do alto sobre a sua cabeça, em harmonia com o seu próprio florescimento, e as águas da emoção serpenteiam divertidamente sob a flor em que ela está sentada. ✦ Você poderia sentir-se neste exato momento como um jardim de flores, regado por bênçãos vindas de toda parte. Dê boas-vindas às abelhas, convide os pássaros a beber do seu néctar. Espalhe em volta a sua alegria, para que todos compartilhem dela.

FLORESCIMENTO

♦ ♦ ♦

O Zen quer vê-lo vivendo, vivendo em abundância, vivendo na completude, vivendo intensamente – não em grau mínimo, como pretende a Cristandade, mas no grau máximo, transbordante.

A sua vida deveria derramar-se até os outros. A sua felicidade, a sua bem-aventurança, o seu êxtase, não deveriam ficar confinados dentro de você, como uma semente. Deveriam abrir-se como a flor e espalhar sua fragrância indiscriminadamente – não apenas para os amigos, mas para os desconhecidos também.

Isso é compaixão verdadeira, amor verdadeiro: compartilhar a sua iluminação, compartilhar a sua dança do além.[37]

COMENTÁRIO

O Cavaleiro do Arco-íris é um lembrete de que, exatamente como a tartaruga desta carta, nós também levamos conosco a nossa casa, aonde quer que vamos. Não há necessidade de apressar-se, não é preciso procurar abrigo em nenhum outro lugar. Mesmo quando mergulhamos nas profundezas das águas da emoção, podemos manter-nos abrigados em nós mesmos, imunes a dependências. ✦ Há um momento em que você se prepara para deixar de lado quaisquer expectativas que tem cultivado a seu próprio respeito, ou a respeito de outras pessoas; prepara-se para assumir a responsabilidade por quaisquer ilusões que possa ter estado carregando. Nessa hora, não há necessidade de fazer nada, bastando repousar na plenitude de quem você é neste exato momento. Se os desejos, esperanças e sonhos estão se tornando vagos; tanto melhor. Seu desaparecimento está abrindo espaço para um novo clima de tranquilidade e de aceitação das coisas como são. Você irá sentir-se capaz de dar as boas-vindas a esse crescimento pessoal, de uma maneira que nunca esteve antes ao seu alcance. Desfrute essa sensação de diminuição do ritmo, de se aproximar do repouso, e de reconhecer que você já está em casa.

DESACELERAÇÃO

♦ ♦ ♦

A meditação é uma espécie de remédio – seu uso será apenas passageiro. Quando você tiver aprendido a qualidade, não precisará praticar mais nenhuma meditação em particular, pois a atitude meditativa é que deverá permear todos os cantos da sua vida. *Andar é Zen, sentar-se é Zen.*

Qual será então essa qualidade? A pessoa passa a andar de maneira vigilante, alerta, alegremente, sem metas a atingir, centrada, com amor, deixando-se fluir. E o caminhar é despreocupado. A pessoa senta-se com amor, alerta, vigilante, desinteressadamente – sem estar buscando alguma coisa em especial, mas apenas desfrutando a beleza do sentar-se sem fazer nada, o quanto isso é relaxante, repousante...

Depois de uma longa caminhada, você se senta à sombra de uma árvore, e a brisa vem e o refresca. A cada momento é preciso que a pessoa esteja bem consigo mesma – não empenhada em melhorar, cultivando alguma coisa, praticando alguma coisa.

Andar é Zen, sentar-se é Zen,
Falando ou em silêncio, movimentando-se, em repouso,
A essência está à vontade.

A essência está à vontade: esta é a ideia-chave. *A essência está à vontade:* esta é a afirmação-chave. Faça o que quer que esteja fazendo, mas, no âmago mais profundo, permaneça à vontade, frio, calmo, centrado.[38]

COMENTÁRIO

Quando estamos realmente com espírito de aventura, andamos exatamente como esta criança. Cheios de confiança, vamos, passo a passo, saindo da escuridão da floresta para o clarão da luz, levados pela nossa capacidade de nos maravilharmos, na trilha do desconhecido. ✦ A ideia de aventura realmente não tem nada a ver com planos e mapas, programações e organização. O Valete do Arco-íris representa um estado de espírito que pode tomar conta de nós em qualquer lugar — em casa ou no escritório, no campo ou na cidade, num empreendimento criativo ou no nosso relacionamento com outras pessoas. Sempre que nos lançamos ao novo e desconhecido com o espírito confiante de uma criança, inocentes, abertos e vulneráveis, até mesmo as menores coisas da vida podem transformar-se nas maiores aventuras.

VALETE DO ARCO-ÍRIS O DOMÍNIO DA NATUREZA FÍSICA

Aventura

✦ ✦ ✦

O Zen diz que a verdade não tem nada a ver com autoridade, que a verdade não tem nada a ver com tradição; que a verdade não tem nada a ver com o passado – a verdade é uma realização radical, pessoal. Você precisa conquistá-la.

O conhecimento oficial é coisa segura; a busca do conhecimento pessoal, porém, é muito, muito arriscada. Ninguém pode garantir o resultado. Se você me perguntar se posso garantir alguma coisa, direi que não posso garantir-lhe nada. Só posso garantir o perigo – isso é certo. Só posso garantir-lhe uma longa aventura, com todas as possibilidades de dar errado e de nunca se atingir a meta. Uma coisa, porém, é certa: a própria busca irá ajudá-lo a crescer. Só posso garantir-lhe o crescimento. O perigo estará lá, o sacrifício estará lá; você estará mergulhando a cada dia no desconhecido, em terreno inexplorado, e não haverá nenhum mapa a seguir, nenhum guia para acompanhar. Sim, há milhões de riscos e você poderá desviar-se, poderá perder-se, mas é esta a única maneira de crescer. A insegurança é a única senda para o crescimento, enfrentar o perigo é a única forma de crescer, aceitar o desafio do desconhecido é o único caminho para se crescer.[39]

COMENTÁRIO

A águia tem uma visão panorâmica de todas as possibilidades existentes na paisagem lá embaixo, enquanto voa livremente pelo céu, com naturalidade e sem qualquer esforço. Ela está realmente no seu domínio, majestosa e senhora de si. ✦ Esta carta indica que você se encontra num ponto em que um mundo de possibilidades lhe é oferecido. Por ter desenvolvido mais amor para consigo mesmo, por estar mais pleno de si mesmo, você consegue trabalhar facilmente com os outros. Por estar relaxado e à vontade, você é capaz de reconhecer possibilidades à medida que elas se apresentam, algumas vezes até antes que outros as consigam perceber. Por estar em sintonia com a sua própria natureza, você compreende que a existência lhe está proporcionando exatamente aquilo de que você precisa. Aproveite o voo! E celebre todas as variadas maravilhas da paisagem aberta diante de seus olhos.

POSSIBILIDADES

✦ ✦ ✦

A mente pode aceitar qualquer fronteira em qualquer lugar. A verdade, porém, é que, por sua própria natureza, a existência não pode aceitar fronteiras de espécie alguma, pois ... – o que haverá do outro lado do muro? Céu e novamente um outro céu. Por isso é que estou dizendo que céus sobre céus estão disponíveis para o seu voo.

Não se contente facilmente. Os que se contentam com pouco permanecem pequenos: pequenas são as suas alegrias, pequenos são os seus êxtases, pequenos são os seus silêncios, pequeno o seu ser.

Mas não há necessidade disso!

Essa pequenez é uma imposição que você mesmo faz à sua liberdade, às suas possibilidades ilimitadas, ao seu potencial sem limites.[40]

COMENTÁRIO

Uma "experiência" é coisa que pode ser registrada num caderno, ou fotografada e guardada num álbum. O experienciar já é a própria sensação de maravilhamento, a emoção da comunhão, o toque delicado da nossa conexão com tudo o que nos rodeia. ✦ A mulher desta carta não está apenas tocando a árvore: está em comunhão com ela, quase que se tornou uma entidade única com a árvore. Trata-se de uma velha árvore, que presenciou muitos tempos difíceis.

O toque da mulher é suave, reverente, e o branco no avesso do seu manto espelha a pureza do seu coração. Ela tem humildade, simplicidade — e essa é a maneira correta de aproximar-se da natureza. ✦ A natureza não faz rufarem tambores quando rebenta em flor, nem executa um réquiem quando as árvores se desfazem das folhas, no outono. Quando, porém, nos aproximamos dela com o estado de espírito adequado, ela tem muitos segredos para compartilhar. Se ultimamente você não tem ouvido a natureza sussurrando para você, este é um bom momento para dar a ela essa oportunidade.

O Experiencyar

♦ ♦ ♦

Olhe, apenas, à sua volta, olhe dentro dos olhos de uma criança, ou nos olhos da pessoa amada, nos de sua mãe, de um amigo – ou ainda, sinta simplesmente uma árvore.

Alguma vez você já abraçou uma árvore? Abrace uma árvore e, um dia, você perceberá que não foi apenas você que abraçou a árvore, mas que a árvore também responde, a árvore também o abraça. Pela primeira vez então, você será capaz de saber que a árvore não se resume a uma forma, não é apenas uma determinada espécie de que os botânicos falam: ela é um Deus desconhecido – tão verde ali no seu quintal, tão cheia de flores, tão próxima a você, que vive lhe acenando, que o tempo todo o está chamando.[41]

COMENTÁRIO

*C*ada uma das figuras desta mandala está com a palma da mão esquerda voltada para cima, em atitude de quem recebe, e a mão direita voltada para baixo, em atitude de quem dá. O círculo que elas compõem cria um tremendo campo de energia que assume a forma do "dorje" duplo, o símbolo tibetano para o relâmpago. A mandala tem uma natureza semelhante à do campo de energia que se forma em torno de um buda, para o qual todas as pessoas que tomam parte no círculo trazem contribuições únicas para a criação de um todo unificado e vital. É como uma flor que, no seu conjunto, é ainda mais bonita do que a soma de suas partes, e ao mesmo tempo aumenta a beleza de cada uma das suas pétalas.
✦ *Agora, uma oportunidade está sendo dada a você, para participar junto com outras pessoas, dando a sua contribuição para criar algo maior e mais belo do que o que cada um de vocês seria capaz de fazer isoladamente. Sua participação não apenas irá nutri-lo, mas, também, trará uma contribuição preciosa para o conjunto.*

PARTICIPAÇÃO

✦ ✦ ✦

Alguma vez você já percebeu a noite passar? Pouquíssimas pessoas tomam consciência das coisas que estão acontecendo todos os dias. Você já prestou atenção ao chegar da noite? À meia-noite e à sua canção? Ao nascer do sol e à sua beleza? Temos nos comportado quase como um bando de cegos. Num mundo tão bonito, vivemos em pequenos compartimentos da nossa própria miséria. Ela é familiar; assim, mesmo que alguém queira arrancá-lo dali, você resistirá. Você não quer ser afastado da sua miséria, do seu sofrimento. Em contrapartida, há tanta alegria por toda a volta... você tem apenas de perceber isso e tornar-se um participante, não um espectador.

Filosofia é especulação; Zen é participação. Participar da despedida da madrugada, participar da chegada da noite, participar das estrelas e das nuvens; faça da participação o seu estilo de vida, e toda a existência se transformará numa enorme alegria, num grande êxtase! Você não poderia ter imaginado um universo mais perfeito.[42]

COMENTÁRIO

Estas três mulheres estão suspensas no ar, livres e brincalhonas, porém alertas e interdependentes. Num número de trapézio, ninguém pode permitir-se estar um pouquinho "ausente", mesmo por uma fração de segundo. E é essa atitude de atenção total ao momento presente que está representada aqui. ✦ Podemos sentir que há coisas demais para fazer ao mesmo tempo, e ficar hesitando ao tentar fazer um pouquinho aqui, um pouquinho ali, em vez de fazer uma coisa de cada vez e até o fim. Pode ser, também, que acreditemos que o que cabe a nós fazer é algo "chato", porque nos esquecemos de que o que importa não é o que fazemos, mas a maneira como o fazemos. Desenvolver a capacidade de estar presente por inteiro ao responder ao que quer que surja, da forma como vier, é um dos maiores presentes que você pode dar a si mesmo. Dar um passo de cada vez ao longo da vida, dedicando a cada um deles a sua total atenção e energia, pode trazer uma grande e nova vitalidade e criatividade a tudo o que você faz.

FOGO: AÇÃO

5

ARCANOS MENORES

TOTALIDADE

✦ ✦ ✦

A cada momento há a possibilidade de ser total. Seja o que for que esteja fazendo, fique tão completamente absorto, de modo que a mente não pense nada, esteja simplesmente ali, seja apenas uma presença. E mais e mais totalidade virá para você e o sabor da totalidade o tornará cada vez mais e mais capaz de ser total.

Procure perceber quando você não está sendo total. Esses são os momentos que precisarão ir sendo abandonados pouco a pouco. Quando você não é total... sempre que você estiver na cabeça – pensando, refletindo, fazendo cálculos, sendo astuto, achando soluções engenhosas –, você não é total. Pouco a pouco, vá se descartando desses momentos. Trata-se apenas de um velho hábito. Hábitos são difíceis de se deixar. Mas eles morrem certamente – se a pessoa persiste, eles morrem.[43]

COMENTÁRIO

Este personagem, obviamente, está, neste momento, "a cavaleiro do mundo", e todos estão celebrando o seu sucesso com uma chuva de papel picado. ✦ Devido à sua disposição para aceitar os recentes desafios da vida, neste momento, você está – ou logo estará – desfrutando uma maravilhosa cavalgada sobre o tigre do sucesso. Receba bem essa oportunidade, desfrute-a, compartilhe a sua alegria com os outros – e lembre-se de que todas as brilhantes paradas têm um começo e um fim. Mantendo isso em mente, se você extrair cada gota de sumo da felicidade que está experienciando neste momento, será capaz, depois, de aceitar o futuro da forma como vier, sem arrependimentos. Não seja, porém, tentado a agarrar-se a este momento de abundância, ou a acondicioná-lo em plástico para que dure para sempre. ✦ A maior sabedoria para ter em mente à medida que vão desfilando os acontecimentos da sua vida, sejam momentos de alta ou de baixa, é que "isto também passará". Celebre sim, e continue a cavalgar o tigre.

FOGO: AÇÃO — 6 — ARCANOS MENORES

Sucesso

✦ ✦ ✦

Observe as ondas no oceano. Quanto mais alto a onda sobe, mais fundo é o sulco que vem atrás. Em um momento, você é a onda, no outro, você é o sulco que se forma atrás. Aproveite ambos – não fique apegado apenas a um deles. Não diga: "Eu gostaria de estar sempre no auge!". Isso não é possível. Encare simplesmente o fato: não é possível. Isso nunca aconteceu, e nunca irá acontecer. É simplesmente impossível – não faz parte da natureza das coisas. Então, o que se pode fazer?

Desfrute o pico enquanto ele durar, e depois desfrute o vale, quando ele vier. O que há de errado com o vale? O que há de mal em estar em baixa? É um relaxamento. O pico é uma excitação e ninguém pode viver o tempo todo em estado de excitação.[44]

COMENTÁRIO

Quantas pessoas você conhece que, justamente quando estavam totalmente sobrecarregadas, com projetos demais, com muitos sonhos, de repente foram derrubadas por uma gripe, ou levaram um tombo e acabaram de muletas? Esse é exatamente o tipo de "momento inoportuno" que o macaquinho, com o alfinete na mão, está prestes a impor ao "showman" retratado nesta carta! ✦ O tipo de esgotamento nervoso representado aqui acontece de vez em quando com qualquer um de nós, mas os perfeccionistas são particularmente vulneráveis a isso. Nós mesmos é que o provocamos, com a ideia de que, sem a nossa participação, nada acontecerá – especialmente do jeito que queremos que aconteça! Bem, o que o faz pensar que você é tão especial? Você acha que o sol não se levantará de manhã, a menos que você programe pessoalmente o despertador? Saia para dar uma volta, compre algumas flores, prepare para si mesmo um macarrão para o jantar – qualquer coisa "sem importância" serve. Trate de colocar-se fora do alcance daquele macaquinho!

FOGO: AÇÃO — 7 — ARCANOS MENORES

Estresse

♦ ♦ ♦

Todas as metas pessoais são neuróticas. O homem sintonizado com a essência das coisas consegue entender, sentir que: "Eu não sou separado do todo, e não há necessidade de estar elegendo e procurando concretizar algum destino por minha conta. Os fatos estão acontecendo, o mundo continua girando – chame isso de Deus...Ele está fazendo coisas. Elas acontecem por vontade própria. Não há necessidade de que eu trave alguma luta, faça qualquer esforço; não há necessidade de que eu lute por coisa alguma. Posso relaxar e simplesmente ser".

O homem essencial não é um fazedor. O homem acidental é um fazedor. Por isso, o homem acidental vive naturalmente com ansiedade, tensão, estresse, angústia, sentado o tempo todo sobre um vulcão. Esse vulcão pode entrar em erupção a qualquer momento, porque o homem vive num mundo de incertezas e acredita que pode tomar as coisas como certas. Isto gera tensão em seu ser: lá no fundo ele sabe que nada é certo.[45]

COMENTÁRIO

A pequenina figura que se desloca pela trilha que corta esta bela paisagem não está preocupada em chegar a qualquer destino. Ele, ou ela, sabe que a viagem é a própria meta, que a peregrinação em si é o santuário. Cada passo no caminho é importante por si mesmo. ✦ Quando esta carta aparece numa leitura, indica um tempo de movimento e mudança. Pode ser um deslocamento físico de um lugar para o próximo, ou um movimento interior de uma maneira de ser para outra. Qualquer que seja o caso, porém, esta carta assegura que a mudança será fácil, e que trará um sentimento de aventura e de crescimento; não há nenhuma necessidade de se esforçar nem de planejar em demasia. Esta carta da "Viagem" também nos lembra de que devemos aceitar e acolher o novo, exatamente como acontece quando viajamos para um outro país, com uma cultura e um ambiente diferentes daqueles a que estamos acostumados.

Esta atitude de abertura e de aceitação estimula o surgimento de novos amigos e de novas experiências na nossa vida.

VIAGEM

✦ ✦ ✦

A vida é uma continuidade, sempre e sempre. Não existe um destino final ao qual ela esteja se dirigindo. Apenas a peregrinação, apenas a viagem em si já é a vida, não o chegar a algum ponto, a alguma meta – apenas dançar e estar em peregrinação, movendo-se alegremente sem se preocupar com nenhum ponto de chegada.

O que você fará depois que chegar a um destino? Ninguém nunca fez esta pergunta porque todo mundo está empenhado em ter alguma meta na vida. Porém, as implicações disso...

Se você atingir de fato o destino final da vida, o que vem depois? Você irá parecer muito desapontado! Não haverá lugar aonde ir... você já alcançou o ponto de destino... – e ao longo da viagem deixou escapar tudo. Era preciso deixar passar! Então, nu e plantado no ponto de chegada, você ficará olhando em volta como um idiota: qual era mesmo o propósito disso tudo?... Você esteve se apressando tanto, preocupando-se tanto, e este é o resultado final.[46]

COMENTÁRIO

Eis o retrato de uma pessoa que esgotou toda sua energia vital nos esforços que fez para manter em funcionamento sua enorme e ridícula máquina de imagens pessoais de importância. Ela esteve tão ocupada "mantendo as partes ligadas entre si" e "assegurando-se de que tudo funcionava bem", que se esqueceu de descansar de verdade. Sem dúvida, esse personagem não pode permitir-se qualquer distração. Deixar de lado suas obrigações para dar um passeio na praia poderia significar o desmantelamento de toda a estrutura. ✦ A mensagem desta carta não é, entretanto, apenas a respeito de ser um viciado em trabalho. Ela se refere a todas as maneiras pelas quais criamos rotinas seguras, porém contrárias à natureza, que conseguem manter longe de nós tudo o que é caótico e espontâneo. A vida não é um negócio para ser administrado: é um mistério a ser vivido. Já é tempo de rasgar o cartão de ponto, escapar da fábrica e fazer uma pequena viagem pelo desconhecido. O seu trabalho poderá fluir mais suavemente a partir de um estado relaxado de mente.

Exaustão

✦ ✦ ✦

O homem que vive através da consciência mental torna-se pesado. Aquele que vive com consciência permanece leve. Por quê? – porque um homem que tem apenas algumas ideias a respeito de como se deve viver, naturalmente se torna pesado. Ele se sente obrigado a carregar consigo o seu caráter. Esse caráter é como uma armadura: é a sua proteção, a sua segurança. Toda a sua vida está investida nesse caráter. E ele sempre reage às situações através desse caráter, nunca diretamente. Se você lhe faz uma pergunta, a resposta é pré-fabricada.

Esse é o sinal de uma pessoa "pesada" – ela é enfadonha, estúpida, mecanizada. Ela pode ser um bom computador, mas não é um homem. Você provoca e ela reage de uma maneira bem definida. A reação é previsível: ela é um robô.

O homem verdadeiro age de maneira espontânea. Se você lhe faz uma pergunta, obtém uma resposta, não uma reação. Ele abre o coração para a sua pergunta, expõe-se a ela, responde a ela...[47]

COMENTÁRIO

A figura desta carta apresenta-se literalmente "emaranhada em nós". Sua luz ainda brilha no íntimo, mas esse personagem reprimiu sua própria vitalidade na tentativa de corresponder a muitas exigências e expectativas. Abriu mão de todo o seu próprio poder e visão, em troca de ser aceito por essas mesmas forças que o aprisionaram. O perigo de reprimir dessa maneira a própria energia natural é visível nas rachaduras de uma erupção vulcânica que está para acontecer em toda a volta da figura. ✦ A verdadeira mensagem desta carta é que é necessário encontrar uma saída de cura para essa explosão iminente. É essencial encontrar uma maneira de dar vazão a qualquer tensão e estresse que possam estar se acumulando, neste momento, dentro de você. Soque um travesseiro, dê pulos, procure uma área deserta e berre contra o céu vazio: qualquer coisa que possa ativar sua energia e consiga fazê-la circular livremente. Não espere que aconteça a catástrofe.

REPRESSÃO

♦ ♦ ♦

Em sânscrito, a palavra é "*alaya vigyan*": a casa em cujo porão você vai juntando coisas que gostaria de fazer, mas que não pode por causa das condições sociais, da cultura, da civilização. Essas coisas, porém, vão se acumulando ali, e muito indiretamente passam a afetar as suas ações, a sua vida. Elas não podem encará-lo diretamente – você as obrigou a ficar na escuridão; mas, do escuro, elas continuam influenciando o seu comportamento. Elas são perigosas: é arriscado manter todas essas inibições dentro de você.

É possível que essas sejam as coisas que atingem um clímax, quando uma pessoa enlouquece. A loucura não é outra coisa senão todas essas repressões chegando a um ponto em que você já não consegue controlá-las. A loucura, porém, é aceitável, ao passo que a meditação não – e a meditação é o único caminho para tornar uma pessoa absolutamente sã.[48]

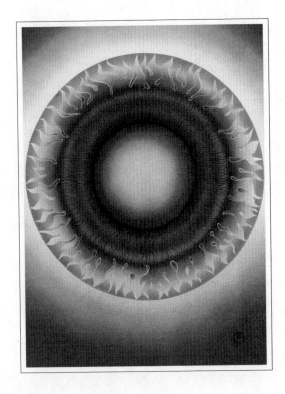

COMENTÁRIO

Quando falamos de estar "com os pés no chão" ou "centrados", é desta Fonte que estamos falando. Quando damos início a um trabalho criativo, é com esta Fonte que nos sintonizamos. ✦ Esta carta nos lembra de que existe um vasto reservatório de energia à nossa disposição. E que não é quando pensamos e planejamos que nos ligamos a ele, mas quando pomos os pés no chão, quando nos centramos, e quando permanecemos suficientemente em silêncio para que o contato com a Fonte possa se estabelecer. Ela está dentro de cada um de nós, como um sol pessoal, individual, proporcionando-nos vida e alimento. Energia pura, ela permanece pulsando, disponível, pronta a nos dar o que for que precisemos para realizar alguma coisa, e pronta também para nos acolher de volta em casa, quando quisermos descansar. ✦ Recorra, portanto, à Fonte caso você esteja dando início a alguma coisa nova e precise de inspiração imediatamente, e caso você tenha acabado de finalizar alguma coisa, e queira descansar. Ela está sempre à sua espera, e você nem precisa sair de casa para encontrá-la.

FOGO: AÇÃO — **Ás** — ARCANOS MENORES

A Fonte

♦ ♦ ♦

O Zen lhe pede que deixe de lado a cabeça e volte-se para a fonte primordial... Não é que o Zen não esteja a par dos usos da energia na cabeça; mas, se toda a energia for usada na cabeça, você nunca se dará conta da sua eternidade...

Você nunca conhecerá como uma experiência o que é tornar-se uno com o todo.

Quando a energia fica restrita ao centro, pulsando, quando ela não está se deslocando para parte alguma, nem para a cabeça e nem para o coração, permanecendo na própria fonte de onde o coração a retira, onde a cabeça vai buscá-la, pulsando na própria fonte – esse é o significado exato do Zazen.

Zazen quer dizer apenas que, se você permanece na própria fonte, sem deslocar-se para parte alguma, uma força imensa se levanta, uma transformação de energia em luz e amor, em uma vida maior, em compaixão, em criatividade. Ela pode assumir formas variadas. Primeiramente, porém, você tem que aprender como permanecer na fonte. Depois, então, a fonte decidirá onde está o seu potencial. Você pode relaxar na fonte, e ela o levará ao seu próprio potencial.[49]

COMENTÁRIO

Os ramos destas duas árvores floridas estão entrelaçados, e as suas pétalas caídas misturam-se no chão, com suas belas cores. É como se o céu e a terra estivessem interligados pelo amor. As árvores se erguem individualmente, cada qual enraizada no solo, em sua própria conexão com a terra. Desse ponto de vista, simbolizam a essência dos verdadeiros amigos, maduros, cooperativos entre si, espontâneos. Não existe nenhuma ansiedade na ligação entre eles, nenhuma carência, nenhuma vontade de transformar o outro em alguma coisa diferente. ✦ Esta carta indica uma prontidão para entrar nesta qualidade de amistosidade. Ao fazê-lo, você poderá notar que não está mais interessado nos diferentes tipos de dramas e romances em que as outras pessoas estão empenhadas. Não se trata de uma perda. É o surgimento de uma disposição de espírito mais elevada, mais carregada de amor, nascida de uma sensação de vivenciamento pleno. É o surgimento de um amor verdadeiramente incondicional, sem expectativas ou exigências.

AMISTOSIDADE

✦ ✦ ✦

Primeiro dedique-se à meditação, atinja a bem-aventurança, e então muito amor se manifestará de maneira espontânea. Nessa condição, é belo estar com os outros e belo também é estar sozinho. É simples também. Você não depende dos outros e também não faz os outros dependentes de você. O que existe é sempre amizade, amistosidade. A coisa nunca se transforma numa relação; continua sendo uma afinidade.

Você convive, mas não cria um casamento. O casamento nasce do medo, a afinidade nasce do amor.

Você estabelece um relacionamento; enquanto as coisas andarem bem, você compartilha. Se você percebe que é chegado o momento de partir porque os caminhos se separam numa encruzilhada, você diz adeus com uma enorme gratidão por tudo que o outro foi para você, por todas as alegrias, todos os prazeres, e por todos os belos momentos compartilhados juntos. Sem nenhum sofrimento, sem nenhuma dor, você simplesmente se afasta.[50]

COMENTÁRIO

Estas três mulheres dançando ao vento e na chuva nos fazem lembrar de que uma celebração nunca precisa ficar na dependência de circunstâncias exteriores. Não é preciso esperar por um feriado especial ou por uma ocasião formal, nem por um dia de sol sem nuvens. A verdadeira celebração nasce de uma alegria que primeiro é experienciada profundamente dentro do seu ser, e que se derrama num transbordamento de canto e dança, de riso, e até mesmo de lágrimas de gratidão. ✦ Quando você tira esta carta, é um sinal de que está se tornando cada vez mais disponível e aberto às muitas oportunidades que existem para celebrar na vida e contagiar outras pessoas. Não se preocupe em programar uma festa na sua agenda. Deixe o cabelo ao natural, tire os sapatos, e comece a pular nas poças d'água agora mesmo. A festa está acontecendo à sua volta, a cada momento!

ÁGUA: EMOÇÕES — ARCANOS MENORES

3

Celebração

♦ ♦ ♦

A vida é um momento para ser celebrado, desfrutado. Torne-a divertida, uma celebração, e então você entrará no Templo. Esse Templo não é para os tristes e desanimados, nunca foi para eles. Olhe para a vida: você vê tristeza em alguma parte? Você já viu uma árvore deprimida? Você já encontrou um pássaro movido por ansiedade? Já viu um animal neurótico? Não, a vida não é assim, absolutamente. Só o homem é que seguiu um caminho errado, se desviou em algum lugar, porque ele se considera muito sábio, muito esperto.

Sua esperteza é o seu mal. Não seja sábio demais. Lembre-se sempre de parar; não vá a extremos. Um pouco de tolice e um pouco de sabedoria fazem bem, e a combinação certa faz de você um buda...[51]

O JOGO TRANSCENDENTAL DO ZEN ♦ 123

COMENTÁRIO

A mulher desta figura tem no rosto um sorriso discreto. Na verdade, ela está apenas assistindo aos malabarismos da mente — não os está julgando, nem tentando contê-los, tampouco está identificada — limita-se a observá-los como se fossem o tráfego numa estrada, ou ondulações na superfície de um lago. E os malabarismos da mente são razoavelmente divertidos, à medida que eles pulam para cima e para baixo, e viram para cá e para lá na tentativa de atrair a sua atenção, e de seduzi-lo para entrar no jogo. ✦ Desenvolver a capacidade de manter certo distanciamento da mente é uma das bênçãos maiores. De fato, esse é o grande objetivo da meditação — não ficar entoando algum mantra nem repetindo uma afirmação, mas ficar simplesmente observando, como se a mente pertencesse a alguma outra pessoa. A essa altura, você está pronto para ter esse distanciamento, e assistir à exibição sem se envolver no drama. Permita-se a liberdade singela de "Voltar-se Para Dentro" sempre que puder, e a aptidão para a meditação crescerá e se aprofundará em você.

ÁGUA: EMOÇÕES — 4 — ARCANOS MENORES

Voltar-se para Dentro

♦ ♦ ♦

Voltar-se para dentro não é movimentar-se, absolutamente. Ir para dentro de si não é deslocar-se. Voltar-se para dentro simplesmente significa que você tem estado perseguindo um desejo atrás do outro, que esteve correndo cada vez mais, para chegar repetidas vezes à frustração; que cada desejo traz infelicidade, que não existe nenhum preenchimento por meio de desejos; que você nunca chega a lugar nenhum, que o contentamento é impossível. Percebendo a verdade de que correr atrás de desejos não leva a lugar nenhum, você acaba parando. Não que você faça algum esforço para parar. Se você fizer qualquer esforço para parar, de uma maneira sutil você ainda estará correndo atrás de alguma coisa novamente. Você ainda está desejando – talvez, agora, seja a ausência de desejo o seu desejo.

Se estiver fazendo algum esforço para voltar-se para dentro, você ainda estará saindo de si mesmo. Qualquer esforço só poderá levá-lo para fora, em direção ao exterior.

Todas as viagens são viagens para fora – não há viagem para dentro. Como você pode viajar para dentro de si mesmo? Você já está ali, não faz sentido ir. Quando o deslocar-se cessa, a viagem desaparece; quando não há mais nenhum desejo obscurecendo a sua mente, você está dentro. A isso é que se chama voltar-se para dentro. Mas não se trata absolutamente de um deslocamento, trata-se simplesmente de não sair para fora.[52]

COMENTÁRIO

A figura retratada nesta carta está tão preocupada em agarrar sua caixa de lembranças que deu as costas à borbulhante taça de champanhe das oportunidades disponíveis aqui e agora. A nostalgia do passado realmente faz dela uma "cabeça-dura" e, além disso, um mendigo, como podemos perceber pelas suas roupas remendadas e gastas. É claro que não haveria necessidade de ser mendigo — mas a pessoa não está disponível para desfrutar os prazeres que se oferecem no momento presente. ✦ É hora de aceitar o fato de que o passado ficou para trás e de que qualquer esforço para recriá-lo é uma maneira certa de continuar preso a antigos padrões que você já teria superado, se não tivesse estado tão dedicado a apegar-se às experiências passadas. Tome bastante fôlego, ponha essa caixa no chão, enfeite-a com um laço bonito se for necessário, e dê-lhe um caloroso e reverente adeus. A vida está passando ao largo, e você está correndo o risco de tornar-se um velho fóssil antes do tempo!

APEGO AO PASSADO

♦ ♦ ♦

Os tempos verbais – passado, presente e futuro – não são noções do próprio tempo: são conceitos da mente. Aquilo que não está mais diante da mente torna-se o passado. O que se encontra diante dela é o presente. E aquilo que ainda irá apresentar-se à mente é o futuro.

Passado é aquilo que não está mais à sua frente.

Futuro é aquilo que ainda não está diante de você.

E presente é aquilo que está na sua frente, mas está se evadindo do seu campo visual. Logo será passado... Se você não criar apego ao que passou...porque apegar-se ao passado é pura estupidez. Ele não existe mais, de modo que você estará chorando pelo leite derramado. O que passou, passou! E não crie apego ao presente, porque isso está indo embora da mesma maneira, e logo será passado. Não crie apego ao futuro – esperanças, imaginação, planos para o amanhã – porque o amanhã será transformado em hoje, será transformado em ontem. Tudo se transformará em passado. Tudo irá escapar-lhe das mãos.

Criar apego trará apenas infelicidade.

É preciso que você deixe passar.[53]

COMENTÁRIO

Em alguma tardezinha encantada, você irá encontrar a sua alma gêmea, a pessoa perfeita que corresponderá a todas as suas necessidades, e será a concretização de todos os seus sonhos. Certo? Errado! Essa fantasia que os cantores e os poetas gostam tanto de perpetuar tem suas raízes em memórias do útero, onde estávamos tão seguros e "unificados" com nossas mães; não é de admirar que sejamos obcecados por retornar a essa condição durante toda a nossa vida. Mas, falando numa linguagem crua, é um sonho infantil. E é surpreendente que nos apeguemos a ele com tanta teimosia, diante da realidade. ✦ Ninguém, seja o seu atual companheiro ou alguém com quem você sonha no futuro, tem a obrigação de trazer-lhe a felicidade numa bandeja — nem poderia, ainda que quisesse. O amor verdadeiro não advém de tentativas de satisfazer nossas necessidades por meio da dependência com relação a outra pessoa, mas por meio do desenvolvimento da nossa riqueza interior, e do nosso amadurecimento. Com isso, passamos a ter tanto amor para dar, que amantes serão espontaneamente atraídos por nós.

ÁGUA: EMOÇÕES — ARCANOS MENORES

O Sonho

♦ ♦ ♦

Isto tem sido dito repetidas vezes no decorrer dos tempos. Todas as pessoas religiosas têm afirmado que: "Sozinhos nós chegamos a este mundo, e sozinhos partiremos". Toda ideia que envolve estar junto é ilusória. A própria ideia de companheirismo aparece porque estamos sós, e o isolamento fere. Queremos neutralizar nosso isolamento com relacionamentos...

Por isso é que nos deixamos envolver tanto com o amor. Tente entender a questão. Normalmente você pensa que se apaixonou por uma mulher, ou por um homem, porque ela é bela, ou ele é belo. Essa não é a verdade. A verdade é exatamente o contrário: Você "caiu de amor" porque não consegue ficar sozinho. Você estava mesmo pronto para "cair". De uma maneira ou de outra você iria fugir de si mesmo. E existem pessoas que não se apaixonam por mulheres ou homens – então se apaixonam pelo dinheiro. Elas passam a acumular dinheiro, ou embarcam na aventura do poder – elas se tornam políticos. Isso também é fugir do próprio isolamento. Se você observar o Homem, se observar com profundidade a si mesmo, ficará surpreso: todas as suas atividades podem ser reduzidas a uma única origem. Essa origem é o medo que você tem da solitude. Tudo o mais são apenas desculpas. O motivo verdadeiro é que você se sente muito só.[54]

COMENTÁRIO

O homem e a mulher desta carta estão se olhando; contudo, não são capazes de se enxergar com nitidez. Cada qual está projetando uma imagem que construiu em sua mente, de maneira a encobrir o rosto verdadeiro da pessoa para quem está olhando. ✦ Todos nós podemos cair na armadilha de projetar "filmes" de nossa própria autoria, sobre as situações e as pessoas à nossa volta. Isso acontece quando não estamos plenamente conscientes de nossas expectativas, desejos e julgamentos; em vez de assumir a responsabilidade por tais expectativas, desejos e julgamentos, e de reconhecê-los como nossos, tentamos atribuí-los aos outros. Uma projeção pode ser diabólica ou divina, perturbadora ou confortadora, mas continua sendo uma projeção — uma nuvem que nos impede de ver a realidade como ela é. O único modo de escapar disso é entender como funciona o jogo. Quando você der com um julgamento se formando a respeito de outra pessoa, vire-o do avesso: aquilo que você está vendo no outro, na verdade, não pertence a você? A sua visão está límpida, ou obstruída pelo que você quer ver?

Projeções

♦ ♦ ♦

Numa sala de cinema, você olha para a tela, nunca para o fundo da sala – o projetor está no fundo. O filme de fato não está na tela: é apenas uma projeção de sombra e luz. O filme existe apenas lá atrás, mas você nunca olha naquela direção. E o projetor está lá.

Sua mente está por trás da coisa toda: a mente é o projetor. Mas você fica sempre olhando para o outro, porque o outro é a tela.

Quando você está apaixonado, a pessoa parece linda, incomparável. Quando você sente ódio, a mesma pessoa parece a mais feia de todas, e você nunca se questiona como pode a mesma pessoa ser a mais feia e a mais bonita...

A única maneira, portanto, de se chegar à verdade é aprender como enxergar diretamente, como deixar de lado a intermediação da mente. Essa interferência é o problema, porque a mente só é capaz de criar sonhos...

Com a ajuda do seu entusiasmo, o sonho começa a parecer realidade. Quando o entusiasmo é demasiado, então você está intoxicado, não está na posse dos seus sentidos. Nessa condição, o que quer que você enxergue será apenas uma projeção sua. E existem tantos mundos quanto mentes, porque cada mente vive no seu próprio mundo.[55]

COMENTÁRIO

Nesta imagem de folhas de lótus ao amanhecer podemos ver, pela ondulação da água, que uma gota acabou de cair. É um momento precioso, pungente. Ao render-se à força da gravidade escorregando da folha, a gota perde a sua identidade anterior e junta-se à vastidão da água que está embaixo. Podemos imaginar que ela deva ter vacilado antes de cair, na exata fronteira entre o conhecido e o incognoscível. ♦ Tirar esta carta em uma leitura é o reconhecimento de que alguma coisa acabou, de que algo está se completando. Seja o que for — um emprego, um relacionamento, um lar que você amou, qualquer coisa que possa tê-lo ajudado a definir quem você é — é hora de deixar isso para trás, permitindo qualquer tristeza que surja, mas sem tentar se agarrar ao que se completou. Alguma coisa maior está esperando por você: há novas dimensões a serem descobertas. Você ultrapassou o ponto a partir do qual não há volta, e a gravidade está cumprindo a sua função. Não resista: isso significa libertação.

DEIXANDO IR

✦ ✦ ✦

Na existência não há ninguém que seja superior e ninguém que seja inferior. Uma folha de grama e a grande estrela são absolutamente iguais...

O homem, porém, quer estar acima dos outros, quer conquistar a natureza, e por isso precisa lutar continuamente. Toda complexidade é fruto dessa luta. A pessoa inocente é aquela que renunciou à luta, que não está mais interessada em estar acima, que não está mais interessada em mostrar desempenho, em provar que é alguém especial; é aquela que se tornou semelhante a uma rosa, ou a uma gota de orvalho sobre a folha de lótus; que se tornou parte desta infinidade; aquela que se fundiu, se misturou e se tornou uma coisa só com o oceano, e agora é simplesmente uma onda; é aquela que não tem qualquer ideia do "eu". O desaparecimento do "eu" é a inocência.[56]

COMENTÁRIO

O cavalheiro desta figura claramente acha que já conquistou tudo. Senta-se na sua grande poltrona estofada e macia, à sombra do seu guarda-sol, com seus óculos escuros e seus chinelos cor-de-rosa, segurando um coquetel refrescante. Não sente disposição para se levantar e fazer algo, porque acha que já fez tudo. Ainda não se voltou para ver o espelho que está se partindo à sua direita, um sinal seguro de que essa posição que ele acha que finalmente galgou está prestes a desmoronar e dissolver-se diante dos seus próprios olhos. ✦ A mensagem desta carta é de que esse recanto à beira da piscina não é o seu destino final. A jornada não terminou ainda, como demonstra o pássaro branco voando na vastidão do céu. Sua atitude autocomplacente certamente decorre de um sentimento verdadeiro de realização, mas agora já é hora de seguir em frente. Não importa quão confortáveis sejam os chinelos, quão saboroso o seu coquetel: há ainda céus acima de céus esperando por serem explorados.

PREGUIÇA

♦ ♦ ♦

Quando você está preguiçoso, o sabor é negativo: você simplesmente sente que não tem energia, sente-se entediado; sente-se sonolento; você simplesmente se sente morto. Quando você está num estado de não fazer, então você está cheio de energia – é um sabor muito positivo. Você tem energia total, transbordante. Você se sente radiante, borbulhante, vibrante. Não há sonolência, você está perfeitamente consciente. Você não está morto – você está tremendamente vivo...

Há certa possibilidade de que a mente o iluda: ela pode racionalizar a preguiça como sendo não fazer. Ela é capaz de dizer "Eu me tornei um mestre Zen", ou "Eu acredito no Tao", mas você não estará enganando ninguém. Apenas a você mesmo. Esteja alerta, portanto.[57]

COMENTÁRIO

A experiência de relaxar no coração, durante a meditação, não é algo que possa ser apossado, ou forçado. Ela vem naturalmente, à medida que vamos ficando mais sintonizados com o ritmo do nosso próprio silêncio interior. A figura desta carta espelha a doçura e delicadeza dessa experiência. Os golfinhos que afloram do coração e perfazem um arco em direção ao terceiro olho refletem o espírito brincalhão e a inteligência que se manifestam quando somos capazes de estabelecer conexão com o coração, e de nos mover no mundo a partir daí. ✦ Permita-se ser mais gentil e mais receptivo neste momento, porque uma alegria indescritível espera por você logo ali, virando a esquina. Ninguém mais pode indicar-lhe onde ela está, e quando você a encontrar não terá palavras para descrevê-la para os outros. Mas ela está ali, profundamente dentro do seu coração, madura e pronta para ser descoberta.

HARMONIA

♦ ♦ ♦

Ouça o seu coração, e aja de acordo com ele, qualquer que seja o risco: *Uma condição de simplicidade absoluta, custando nada menos do que tudo...*

Ser simples é difícil, porque custa tudo o que você tem.

É preciso perder tudo para ser simples. Por isso é que as pessoas optaram por ser complicadas e se esqueceram de como ser simples.

No entanto, apenas um coração simples pulsa de mãos dadas com Deus. Só um coração simples canta com Deus, em profunda harmonia. Para chegar a tal ponto você terá que encontrar o seu próprio coração, o seu próprio pulsar, o seu próprio ritmo.[58]

COMENTÁRIO

A figura desta carta está completamente relaxada e à vontade na água, deixando a correnteza levá-la aonde queira. É alguém que dominou a arte de ser passivo e receptivo, sem sentir-se enfadado ou sonolento. Apenas está disponível ao rio da vida, sem ter nunca um pensamento do tipo "Eu não gosto disto aqui", ou "Eu prefiro ir em outra direção". ✦ A cada momento na vida temos a opção de entrar na correnteza e boiar, ou de tentar nadar rio acima. Quando esta carta aparece em uma leitura, é uma indicação de que agora você está preparado para flutuar, confiante em que a vida o apoiará no seu relaxamento, e irá levá-lo exatamente aonde ela quer que você vá. Deixe que esse sentimento de confiança e relaxamento cresça cada vez mais; tudo está acontecendo exatamente como deveria.

ÁGUA: EMOÇÕES — **Ás** — ARCANOS MENORES

Indo com a Correnteza

✦ ✦ ✦

Quando eu digo "transforme-se em água", quero dizer "transforme-se num fluxo" – não fique estagnado. Mova-se, e mova-se como a água.

Lao Tsé diz: A maneira de ser do Tao é igual à de um curso d'água. Movimenta-se como a água. E como é o movimento da água? Ou um rio? Esse movimento tem algumas coisas belas em si. Uma delas é que a água se desloca sempre em direção à profundeza, sempre procura o terreno mais baixo. A água não tem ambição, nunca briga para ser a primeira: ela quer ser a última.

Lembre-se de que Jesus disse: "Os últimos serão os primeiros no meu reino de Deus". Ele estava falando sobre essa maneira de ser do rio, do Tao – sem mencioná-la, mas falando a respeito dela. Quanto a você, seja o último, seja sem ambição. Ambição significa subir morro acima. A água vai para baixo, procura o terreno mais baixo, quer ser uma não entidade. Não quer proclamar-se especial, excepcional, extraordinária. A água não tem qualquer noção de ego.[59]

COMENTÁRIO

O personagem desta carta traz um novo significado à velha ideia de "estar entre a cruz e a espada"! Mas é precisamente nesse tipo de situação que ficamos quando nos deixamos aprisionar pelo aspecto hesitante e dualista da mente. "Devo deixar que meus braços se soltem e cair de cabeça para baixo, ou deixar que as minhas pernas se soltem, e cair de pé? Devo vir para cá ou ir para lá? Devo dizer sim ou não?" E seja qual for a decisão que tomemos, sempre estaremos nos questionando se não deveríamos ter decidido do modo contrário. ◆ A única maneira de sair desse dilema é, infelizmente, soltar os dois extremos ao mesmo tempo. Desse impasse você não vai conseguir sair valendo-se de fórmulas, pesando os prós e os contras, ou tentando resolvê-lo de alguma outra forma com a sua mente. Melhor seguir o seu coração, se lhe for possível ter acesso a ele. Se não tiver, simplesmente salte — o seu coração começará a bater tão depressa que não haverá engano a respeito de onde ele está!

NUVENS: A MENTE — 2 — ARCANOS MENORES

ESQUIZOFRENIA

✦ ✦ ✦

O homem é dividido. A esquizofrenia é uma condição normal do homem – ao menos no momento atual. Pode não ter sido assim no mundo primitivo, porém séculos de condicionamento, civilização, cultura e religião transformaram o homem numa multidão – dividida, separada, contraditória... Contudo, pelo fato de essa divisão ser contrária à sua natureza, lá no fundo, escondida em alguma parte, a unidade ainda sobrevive. Porque a alma do homem é unitária, todos os condicionamentos, no máximo, só destroem a periferia do homem. O centro permanece intocado – por isso é que o homem continua a viver. Mas sua vida tornou-se um inferno.

Todo o trabalho do Zen é voltado para o como desfazer-se dessa esquizofrenia, como desvencilhar-se dessa personalidade cindida, como descartar a mente dividida do homem, como tornar-se não dividido, integrado, centrado, cristalizado.

Do jeito como você está, não se pode dizer que você é. Você não tem um ser – é uma praça de mercado: muitas vozes. Quando você quer dizer "sim", imediatamente o "não" se apresenta. Você nem sequer consegue articular um simples "sim" com inteireza... Dessa maneira a felicidade não é possível; a infelicidade é uma consequência natural de uma personalidade dividida.[60]

COMENTÁRIO

Em nossa sociedade, principalmente os homens têm sido ensinados a não chorar, a armar uma fachada de valentia quando são atingidos, e a não demonstrar que estão sofrendo. Mas as mulheres também podem cair nessa armadilha, e todos nós poderemos sentir vez por outra que a única maneira de sobreviver é reprimir nossos sentimentos e emoções, de forma a que não nos possam ferir outra vez. Se a dor for especialmente profunda, poderemos até mesmo tentar escondê-la de nós mesmos. Isso poderá nos tornar gélidos, rígidos, porque lá no fundo sabemos que uma pequena fenda no gelo libertará a dor para que comece a circular outra vez dentro de nós. ✦ As lágrimas com as cores do arco-íris no rosto desta figura encerram o segredo de como libertar-se desse "isolamento glacial". As lágrimas, e apenas elas, têm o poder de derreter o gelo. Chorar é bom, e não há motivos para envergonhar-se de suas lágrimas. O choro nos ajuda a fazer passar a dor, permite-nos ter consideração por nós mesmos e, afinal, ajuda-nos na cura de nós mesmos.

Isolamento Glacial

♦ ♦ ♦

Somos infelizes porque ficamos excessivamente encerrados em nós mesmos. O que quero dizer quando falo que nós ficamos excessivamente encerrados em nós mesmos? E o que acontece exatamente, quando ficamos excessivamente encerrados em nós mesmos? Ou você vive a vida, ou fica encerrado em si mesmo – as duas coisas ao mesmo tempo são impossíveis. Estar em si mesmo significa estar à parte, estar separado. Estar em si mesmo significa tornar-se uma ilha. Estar em si mesmo significa traçar uma linha divisória à sua volta. Significa estabelecer uma distinção entre "isto eu sou" e "isto eu não sou". Essa definição, essa fronteira entre "eu" e "eu não" circunscreve o território do "si mesmo" (*self*) – o si mesmo isola. E ele o torna congelado: você deixa de fluir. Quando alguém está fluindo, o si mesmo não pode existir.

Com esse jeito de ser, as pessoas quase se transformaram em cubos de gelo. Já não têm calor nenhum, não sentem nenhum amor – têm medo do amor, porque amor é calor. Se o calor se aproximar, elas começarão a derreter, e as fronteiras irão desaparecer. As fronteiras desaparecem no amor; na alegria também, porque a alegria não é fria.[61]

COMENTÁRIO

A mulher desta carta está vivendo em uma paisagem cinzenta, povoada de nuvens irreais, nitidamente recortadas contra o céu. Através da moldura de janela ela pode ver cores, luz e vida; e, embora quisesse escapar por ali — o que se percebe pelas cores do arco-íris em sua roupa — ela não é capaz de fazer isso. Há ainda em sua mente muita elucubração do tipo "mas, e se ... ?". ✦ Dizem que o amanhã nunca chega, e não importa a frequência com que isso é repetido, parece que a maioria de nós tende a esquecer a verdade contida nessa frase. De fato, a única consequência certa de adiar as coisas é o tédio e a depressão nos dias de hoje, um sentimento de incompletude e de limitação. O alívio e o desenvolvimento que você sentirá quando puser de lado todos os pensamentos de indecisão que o estão impedindo de agir agora, farão com que você se pergunte por que esperou tanto tempo.

Adiamento

♦ ♦ ♦

Adiar é simplesmente estupidez. Amanhã também será necessário decidir; então, por que não resolver hoje mesmo? Você acha que amanhã estará mais sábio do que hoje? Você acha que amanhã vai estar com um vigor maior do que o de hoje? Você acha que amanhã estará mais jovem, renovado em relação a hoje?

Amanhã você vai estar mais velho, a sua coragem será menor; amanhã você vai estar mais experiente, e a sua capacidade de dissimulação será maior; amanhã a morte chegará mais próximo – você começará a titubear e a sentir mais medo. Nunca deixe para amanhã. Quem sabe? O amanhã pode chegar ou pode não chegar. Se é preciso decidir, decida agora mesmo.

O dentista Dr. Vogel tinha concluído o exame de uma bela e jovem cliente. "Srta. Baseman", ele disse, "acho que terei de arrancar os seus dentes do siso!"

"Minha nossa!", exclamou a mocinha, "seria preferível parir um bebê!"

"Bem", disse o Dr. Vogel, "quer decidir logo para que eu possa acertar a posição da cadeira?"

Decida! Não continue adiando indefinidamente.[62]

COMENTÁRIO

Quem foi que lhe disse que o bambu é mais bonito do que o carvalho, ou que o carvalho é mais valioso do que o bambu? Você imagina que o carvalho gostaria de ter um tronco oco como o do bambu? Será que o bambu sente inveja do carvalho porque ele é maior e suas folhas mudam de coloração no outono? A própria ideia das duas árvores fazendo comparações entre si parece ridícula, mas os humanos consideram muito difícil romper com esse hábito. ✦ Vamos encarar os fatos: sempre existirá alguém que é mais bonito, mais talentoso, mais forte, mais inteligente, ou aparentemente mais feliz do que você. E, inversamente, sempre haverá aqueles que são inferiores a você em todos esses aspectos. O caminho para descobrir quem você é não é a comparação com os outros, mas um exame para ver se você está realizando o seu próprio potencial, da melhor maneira de que é capaz.

COMPARAÇÃO

♦ ♦ ♦

A comparação gera inferioridade, superioridade. Quando você não estabelece comparações, toda inferioridade e toda superioridade desaparecem. Nessa condição você simplesmente é, você simplesmente está aí. Um pequeno arbusto ou uma grande árvore alta – isso não importa – você é você mesmo. Você é necessário. Uma folha de grama é tão necessária quanto a maior das estrelas. Sem a folha de grama, Deus será menos do que ele é. O pipilar de um pássaro é tão necessário quanto qualquer buda – o mundo será menos, será menos rico se esse pássaro desaparecer.

Basta olhar à sua volta. Tudo é necessário e se encaixa em um todo. Trata-se de uma unidade orgânica: ninguém está acima, ninguém está abaixo, ninguém é superior, ninguém é inferior. Cada qual é incomparavelmente único.[63]

COMENTÁRIO

Quando carregamos o fardo dos "você deve" e "você não deve", impostos a nós pelos outros, ficamos como este personagem roto e sofrido, pelejando para abrir seu caminho morro acima. "Mais depressa! Mais força! Tente chegar ao alto!" — grita o tolo tirano que essa figura triste leva às costas, enquanto o próprio tirano, por sua vez, tem às costas um galo dominador. ✦ Se a vida nestes dias está lhe parecendo apenas uma luta ininterrupta desde o berço até o túmulo, pode ser a hora de arriar a carga dos seus ombros e experimentar caminhar sem ter de carregar às costas essas figuras. Você tem suas próprias montanhas a conquistar, seus próprios sonhos a realizar, mas nunca haverá energia suficiente para ir atrás dessas metas enquanto você não se desfizer de todas as expectativas que lhe foram impostas pelos outros, e que agora você pensa que são suas. Há a possibilidade de que essas expectativas estejam apenas na sua mente, mas isso não significa que elas não possam jogá-lo ao chão. É hora de arriar a carga, e dizer a essas figuras que sigam o seu próprio caminho.

NUVENS: A MENTE — 6 — ARCANOS MENORES

O Fardo

✦ ✦ ✦

A verdadeira vida de um homem é o caminho no qual ele se desfaz das mentiras que lhe foram impostas pelos outros. Desprovido das roupas, nu, ao natural, ele é aquilo que é. Trata-se aqui de ser, e não de vir a ser. A mentira não pode transformar-se na verdade, a personalidade não pode transformar-se na sua alma. Não existe maneira de transformar o não essencial em essencial. O não essencial permanece não essencial, e o essencial permanece essencial – eles não são conversíveis. Bater-se pela verdade só vai criar mais confusão. A verdade não precisa ser conquistada. Ela não pode ser conquistada, pois já está aí. Apenas a mentira é que precisa ser descartada.

Todos os anseios, propósitos, ideais e metas, todas as ideologias, religiões e sistemas de aperfeiçoamento, de melhoramento, são mentiras. Cuidado com tudo isso. Reconheça o fato de que do jeito como você é agora, você é uma mentira, resultado de manipulação, produzido pelos outros. A busca da verdade é de fato uma distração e um adiamento. É a fórmula encontrada pela mentira para se disfarçar. Olhe a mentira de frente, examine a fundo a falsidade que é a sua personalidade. Pois encarar a mentira é parar de mentir. Deixar de mentir é desistir de buscar alguma verdade – não há necessidade disso. No momento em que desaparece a mentira, ali está a verdade em toda a sua beleza e esplendor. Encarando-se a mentira ela desaparece, e o que fica é a verdade.[64]

COMENTÁRIO

Você reconhece este homem? Com exceção dos mais inocentes e sinceros de nós, todos temos um político de tocaia em algum lugar da nossa mente. De fato, a mente é política. É da sua própria natureza planejar, montar esquemas, e tentar manipular situações e pessoas de maneira a conseguir o que quer. Nesta carta, a mente é representada pela serpente recoberta de nuvens, que "fala com uma língua bífida". O que é importante perceber, porém, a propósito desta figura, é que ambas as caras são falsas. A face cândida, inocente, do tipo "confie em mim", é uma máscara, e a face diabólica, venenosa, do tipo "vou tirar vantagem de você", também não passa de uma máscara. Políticos não têm faces verdadeiras. Seu jogo é na totalidade uma mentira. ✦ Dê uma boa examinada em si mesmo para verificar se você tem estado fazendo esse jogo. O que você vai encontrar poderá ser doloroso de ver, mas não tão doloroso quanto continuar agindo igual. No final, esse jogo não serve ao interesse de ninguém, e muito menos ao seu. O que quer que você consiga por esse caminho, irá transformar-se em pó nas suas mãos.

7

POLÍTICA

♦ ♦ ♦

Qualquer um que seja capaz de fingir com convicção, que consiga ser hipócrita, se tornará seu líder político, se tornará seu sacerdote religiosamente. Tudo que ele precisa é de hipocrisia, tudo o que ele precisa é de dissimulação, tudo que ele precisa é de uma "fachada" para se esconder por trás. Os seus políticos vivem vidas duplas, os seus sacerdotes levam vida dupla – uma pela porta da frente, a outra pela porta dos fundos. E aquela vivida pela porta dos fundos é a vida real deles. Aqueles sorrisos pela porta da frente são pura falsidade, aquelas caras tão inocentes são puramente cultivadas.

Se você quiser ver a realidade do político, precisará olhá-lo pela porta dos fundos. Deste ângulo ele aparece na sua nudez, do jeito como ele é; e para o sacerdote a coisa é assim também. Esses dois tipos de pessoas dissimuladas têm dominado a humanidade. Muito cedo eles descobriram que, se você quer dominar a humanidade, deve torná-la fraca, fazê-la sentir-se culpada, não merecedora. Destrua a sua dignidade, tire-lhe toda a glória, humilhe-a. E encontraram maneiras tão sutis de humilhar, que eles nem aparecem "na foto"; você mesmo fica encarregado de se humilhar, de se destruir. Eles lhe ensinaram uma forma de suicídio lento.[65]

COMENTÁRIO

A culpa é uma das emoções mais destrutivas em que podemos nos deixar aprisionar. Se tivermos agido mal com alguém, ou procedido contrariamente à nossa própria verdade, naturalmente nos sentiremos mal. Mas permitir que fiquemos sobrecarregados de culpa é fazer um convite à enxaqueca. Acabaremos envolvidos por nuvens perturbadoras de dúvidas a nosso próprio respeito, e por sentimentos de desvalor, a ponto de não conseguirmos enxergar as belezas e alegrias que a vida está tentando nos oferecer. ✦ Todo mundo anseia por ser uma pessoa melhor — mais amorosa, mais consciente, mais sincera consigo mesmo. Quando, porém, nos punimos por nossas falhas, sentindo-nos culpados, podemos cair prisioneiros de um ciclo de desespero e desesperança que nos tira toda a clareza de visão a nosso próprio respeito e a respeito das situações que encontramos pela frente. Você é absolutamente bom do jeito que é, e é absolutamente natural errar o caminho de vez em quando. Apenas aprenda com a experiência; siga em frente e aproveite a lição para não fazer o mesmo erro outra vez.

NUVENS: A MENTE — 8 — ARCANOS MENORES

Culpa

✦ ✦ ✦

Este momento!... O aqui-agora...fica esquecido quando você começa a pensar em termos de conquistar alguma coisa. Quando a mente realizadora se manifesta, você perde contato com o paraíso em que está. Esta é uma das abordagens mais liberadoras: ela o liberta imediatamente! Esqueça tudo a respeito do pecado e da santidade – ambas são ideias estúpidas. Juntas, destruíram todas as alegrias da humanidade. O pecador se sente culpado, e com isso sua alegria fica perdida. Como é possível apreciar a vida se você está sempre se sentindo culpado? Se o tempo todo você fica indo à igreja para confessar que fez isto e aquilo errado? Errado, errado, errado...a sua vida inteira parece ser feita de pecados. Como viver com alegria? Fica impossível sentir prazer na vida. Você se torna pesado, carregado. A culpa instala-se no seu peito como uma pedra – ela o esmaga; não permite que você dance. Como seria possível dançar? Como a culpa pode dançar? Como a culpa pode cantar? Como a culpa pode amar? Como a culpa pode viver? Assim, quem pensa que está fazendo coisas erradas sente-se culpado, pesado, um morto antes da hora – já está dentro do túmulo.[66]

COMENTÁRIO

Esta figura é de Ananda, primo e discípulo do Buda Gautama. Ele esteve ao lado do Buda constantemente, cuidando de cada necessidade dele por quarenta e dois anos. Quando Buda morreu, conta-se que Ananda estava ainda ao seu lado, chorando. Os outros discípulos repreenderam-no por ele não estar entendendo: Buda havia morrido completamente realizado; Ananda deveria estar celebrando! Mas Ananda respondeu: "Vocês é que não estão compreendendo. Não estou chorando por ele, mas por mim mesmo, porque ao longo desses anos todos eu estive constantemente ao seu lado, e mesmo assim não consegui atingir". Ananda ficou acordado a noite inteira, meditando profundamente e sentindo sua dor, sua tristeza. Diz a história que, quando o dia amanheceu, ele estava iluminado.

✦ Tempos de grande sofrimento trazem em si, potencialmente, tempos de grande transformação. Para que a transformação aconteça, porém, é preciso irmos fundo às raízes da nossa dor, vivenciando a dor exatamente como ela é, sem culpa e sem autopiedade.

SOFRIMENTO

♦ ♦ ♦

Esta dor que o aflige não deve deixá-lo triste, lembre-se disso. É este o ponto que as pessoas continuam a não compreender... Esta dor é apenas para deixá-lo mais *alerta* – porque as pessoas só ficam atentas quando a seta vai fundo no seu coração e as fere. De outra maneira, não despertam. Quando a vida é fácil, confortável, conveniente, quem se preocupa? Quem se dá ao trabalho de ficar alerta? Quando morre um amigo, apresenta-se uma possibilidade. Quando a sua mulher o abandona – naquelas noites escuras, você sente solidão. Você amou tanto aquela mulher e arriscou tudo por ela e, então, de repente, um dia, ela vai-se embora. Chorando na sua solidão... essas são as ocasiões em que, sabendo aproveitá-las, você poderá tornar-se consciente. A seta está ferindo: então é possível usá-la.

A dor não existe para fazê-lo infeliz: ela está aí para torná-lo mais consciente! E quando você se torna consciente, a infelicidade desaparece.[67]

COMENTÁRIO

Esta carta representa a evolução dos graus de consciência do modo como é descrita por Friedrich Nietzsche, em seu livro Assim Falou Zarathustra. Ele fala dos três níveis: Camelo, Leão e Criança. O camelo é sonolento, entediado, satisfeito consigo mesmo. Vive iludido julgando-se o cume de uma montanha, mas, na verdade, preocupa-se tanto com a opinião dos outros que quase não tem energia própria. Emergindo do camelo, aparece o leão. Quando nos damos conta de que temos estado abrindo mão da oportunidade de viver realmente a vida, passamos a dizer "não" às demandas dos outros. Nós nos apartamos da multidão, solitários e orgulhosos, rugindo a nossa verdade. A coisa, porém, não acaba por aí. Finalmente, emerge a criança, nem submissa nem rebelde, mas inocente e espontânea, fiel ao seu próprio ser. ✦ Qualquer que seja a posição em que você se encontre neste momento — sonolento e abatido, ou desafiador e rebelde — tenha consciência de que isso evoluirá para alguma coisa nova, se você permitir. Este é um tempo de crescimento e mudança.

Renascimento

◆ ◆ ◆

Segundo o Zen, você vem de lugar-nenhum, e vai para lugar-nenhum. Você existe apenas agora, aqui: não vindo, nem indo. As coisas todas vão passando por você; a sua consciência reflete o que passa, mas ela mesma não se identifica com isso.

Quando um leão ruge diante de um espelho, você pensa que o espelho também ruge? Ou quando o leão se afasta e aparece uma criança dançando, o espelho, esquecendo completamente o leão, passa a dançar com a criança – você acredita que o espelho realmente dance com a criança? O espelho não faz nada, ele apenas reflete.

A sua consciência é apenas um espelho.

Você nem vem, nem vai.

As coisas vêm e vão.

Você se torna um jovem, você fica velho; você está vivo, você está morto.

Todas essas situações são apenas reflexos num lago eterno de consciência.[68]

COMENTÁRIO

A maioria das cartas deste naipe da mente ou é cômica ou é conturbada, porque a influência da mente na nossa vida é geralmente ridícula ou opressiva. Esta carta da Consciência, porém, apresenta uma imagem enorme do Buda. Ele é tão expansivo que vai até além das estrelas, e o que existe acima da sua cabeça é o vazio puro. Esse Buda representa a consciência que está ao alcance de todos os que se tornam mestres da sua própria mente, e que são capazes de utilizá-la como o instrumento que ela foi feita para ser. ♦ Quando você escolhe esta carta, isso significa que agora já há uma luz cristalina disponível, independente, enraizada na tranquilidade profunda que existe no âmago do seu ser. Já não há a vontade de entender as coisas sob a perspectiva da mente — a compreensão que você tem agora é existencial, inteira, em consonância com o próprio pulsar da vida. Aceite essa dádiva enorme, e compartilhe.

NUVENS: A MENTE — **Ás** — **ARCANOS MENORES**

Consciência

♦ ♦ ♦

Nós viemos do desconhecido, e avançamos para o desconhecido. Nós ainda voltaremos. Já estivemos por aqui milhares de vezes, e voltaremos milhares de vezes. O nosso ser essencial é imortal, mas nosso corpo, a nossa corporificação, é mortal. As molduras em que nos colocamos, nossas casas, o corpo, a mente, são feitas de coisas materiais. Essas coisas perderão a força, ficarão velhas, elas morrerão. A sua consciência, porém, para a qual Bodhidharma usa a palavra "não mente" – o Buda Gautama também usou essa palavra, "não mente" – é algo que está além do corpo e da mente, algo que está além de tudo; essa "não mente" é eterna. Ela adquire uma expressão física, e torna a mergulhar depois no desconhecido.

Esse movimento, do desconhecido para o conhecido e do conhecido para o desconhecido, continua por toda a eternidade, a menos que a pessoa se torne iluminada. Quando isso acontecer, essa será a sua última vida: essa flor não voltará mais. A flor que se torna consciente de si mesma não precisa mais voltar à vida, porque a vida nada mais é do que uma escola aonde se vem para aprender. É alguém que aprendeu a lição e encontra-se agora acima das ilusões. Pela primeira vez, você não irá mais se deslocar do conhecido para o desconhecido, mas para o incognoscível.[69]

COMENTÁRIO

À medida que o personagem desta carta vai andando de pedra em pedra, ele vai pisando com leveza e sem seriedade e, ao mesmo tempo, com absoluto equilíbrio e atenção. Por detrás das águas que ondulam sempre cambiantes, podemos ver silhuetas de arranha-céus — parece que existe uma cidade ao fundo. O homem participa da praça do mercado mas, ao mesmo tempo, mantém-se fora dela, preservando o seu equilíbrio e sendo capaz de observá-la do alto. ✦ Esta carta nos desafia a nos afastarmos de nossas preocupações com outros lugares e outros tempos, e a permanecer atentos ao que está acontecendo aqui e agora. A vida é um grande oceano no qual você pode se divertir, se se desfizer de todos os julgamentos, de suas preferências e do apego aos detalhes dos seus planos de longo prazo. Esteja disponível para o que vier ao seu encontro, da forma como vier. E não se preocupe se tropeçar ou cair: levante-se, sacuda a poeira, dê uma boa gargalhada, e vá em frente.

Momento a Momento

✦ ✦ ✦

O passado já se foi e o futuro ainda não chegou: ambos estão se movimentando desnecessariamente em direções que não existem. Um existia, mas não existe mais, e o outro sequer começou a existir ainda. A pessoa equilibrada é a que vive momento a momento, cuja atenção está voltada para o momento presente, que sempre está aqui e agora. Onde quer que ela se encontre, toda a sua consciência, todo o seu ser está envolvido na realidade do aqui e na realidade do agora. Essa é a única direção certa. Só um homem desses está habilitado a adentrar o portal dourado.

O momento presente é o portal dourado.

O aqui-agora é o portal dourado.

...E você só consegue estar no momento presente se não for ambicioso – nenhuma meta a realizar, nenhuma pretensão de poder, de dinheiro, de prestígio, ou mesmo de iluminação, porque toda ambição coloca você no futuro. Apenas um homem não ambicioso é capaz de permanecer no momento presente.

Um homem que queira estar no momento presente não tem que pensar, precisa apenas ver e adentrar o portal. A experiência virá, mas não precisa ser premeditada.[70]

COMENTÁRIO

A figura angelical que aparece nesta carta, com asas coloridas como o arco-íris, representa o guia que cada um de nós traz dentro de si. Como acontece com a segunda figura, no plano de fundo, algumas vezes nós podemos relutar em confiar nesse guia quando ele se manifesta, porque estamos acostumados a receber nossos "sinais" mais do mundo exterior do que de dentro de nós mesmos. ✦ A verdade do seu próprio ser mais profundo está tentando mostrar-lhe o caminho a seguir neste exato momento, e, quando esta carta aparece, significa que você pode confiar na orientação interior que lhe está sendo dada. Esta orientação vem por meio de sussurros, e algumas vezes podemos hesitar, sem saber se compreendemos corretamente. As indicações, porém, são claras: seguindo o seu guia interior você se sentirá mais pleno, mais integrado, como se estivesse se movimentando a partir do centro do seu próprio ser. Se você a acompanhar, essa célula de luz o conduzirá exatamente para onde você precisa ir.

Orientação

♦ ♦ ♦

Você sente necessidade de procurar orientação, porque não sabe que o seu guia interior está escondido dentro de você. É necessário encontrar esse guia interior, que eu chamo de "a sua testemunha". Chamo também de "o seu *dharma*", seu buda intrínseco. É preciso acordar esse buda, e a sua vida será banhada de bênçãos, de graças. Sua vida tornar-se-á radiante de bem; de divindade, muito mais do que você seria capaz de imaginar.

É quase como luz. Se o seu quarto está escuro, basta trazer luz. Até uma pequena vela servirá: toda a escuridão desaparece. Tendo uma vela, você saberá onde fica a porta. Não precisará pensar: "Onde está a porta?". Só quem é cego pergunta onde está a porta. Gente que tem olhos e dispõe de luz nem pensa nisso. Alguma vez você já se perguntou onde fica a porta!?... Você simplesmente levanta e sai. Não dedica um pensamento sequer a semelhante questão. Nem começa a tatear procurando a porta, ou a bater a cabeça contra a parede. Você simplesmente vê, e não existe nem mesmo um lampejo de pensamento: você simplesmente sai.[71]

COMENTÁRIO

Esta mulher levantou uma fortaleza à sua volta, e fica agarrada a tudo o que tem, a tudo o que considera seu tesouro. Ela acumulou tanto para se enfeitar — até penas e peles de criaturas vivas — que, no seu empenho, ela de fato ficou mais feia. ✦ Esta carta nos desafia a examinar aquilo a que estamos nos apegando e o que possuímos de tão valioso que precise ser protegido por uma fortaleza. Não é preciso que seja muito dinheiro na conta, nem uma caixa repleta de joias — poderia ser algo tão simples como compartilhar o nosso tempo com um amigo, ou assumir o risco de expressar o nosso amor por outra pessoa. Igual a um poço que é selado e se torna estagnado pela falta de uso, os nossos tesouros ficam embaçados e sem proveito se nos recusamos a compartilhá-los. Independentemente daquilo a que esteja se apegando, lembre-se de que não poderá levar isso consigo. Desapegue-se, e sinta a liberdade e a expansão que o compartilhar é capaz de proporcionar.

164 ✦ O TARÔ ZEN, DE OSHO

O Avarento

◆ ◆ ◆

No momento em que você se torna avarento, fica fechado para o fenômeno fundamental da vida: a expansão, o compartilhar.

Quando começa a se apegar a coisas, você perde de vista o alvo – simplesmente perde. Porque as coisas não são o alvo: você, o seu ser interior, é que é o alvo – não uma bela casa, mas a sua beleza; não dinheiro em abundância, mas a sua riqueza; não coisas demais, mas um ser aberto, disponível a milhões de coisas.[72]

COMENTÁRIO

O menininho desta carta está de pé num dos lados de um portão, olhando através da grade. Ele é tão pequeno, e está tão convencido de que não pode passar, que não consegue ver que a corrente que amarra o portão não está trancada; tudo o que ele precisaria fazer seria soltá-la. ✦ Sempre que nos sentimos "deixados de fora", excluídos, isso gera essa sensação de ser uma criança pequena e desamparada. Não é de causar espanto, pois esse sentimento está profundamente enraizado nas nossas experiências da mais tenra infância. O problema é exatamente esse, porque estando tão profundamente enraizado, o sentimento ressurge repetidas vezes em nossa vida, como se fosse uma fita gravada. Neste momento, uma oportunidade lhe está sendo oferecida para você interromper essa gravação, para deixar de atormentar-se com a ideia de que, de alguma maneira, você "não está à altura" para ser aceito e recebido. Reconheça que as raízes desse sentimento estão no passado, e deixe ir embora essa dor antiga. Isso irá trazer-lhe lucidez para enxergar como pode abrir o portão e iniciar-se naquilo que você tanto anseia ser.

O Forasteiro

♦ ♦ ♦

Então, você está se sentindo um estranho. Isso é bom. É o período de transição. Mas é preciso estar atento para não se deixar tomar pela dor e infelicidade. Agora que Deus não está mais aí, quem irá consolá-lo? Você não precisa de consolo nenhum. A humanidade já é maior de idade! Seja um homem, seja uma mulher, e apoie-se nos seus próprios pés...

A única maneira de conectar-se com a existência é aprofundando-se em si mesmo, porque, lá no seu centro, você ainda está conectado. Fisicamente, você foi desconectado de sua mãe. Essa desconexão foi absolutamente necessária, para transformá-lo um indivíduo autônomo. Do universo porém, você não está desconectado. A sua conexão com o universo é a consciência. Essa conexão não é visível, portanto é necessário mergulhar profundamente em si mesmo, com grande consciência, atenção e observação, e você encontrará a conexão. O buda é a conexão![73]

COMENTÁRIO

Nas cortes do Japão antigo, os serviçais masculinos eram, com frequência, escolhidos entre as fileiras dos pequenos delinquentes, que eram castrados. Em razão da familiaridade íntima que tinham com as atividades palacianas, esses serviçais estavam frequentemente no centro das intrigas políticas e sociais, e exerciam muito poder nos bastidores. ✦ *As duas figuras desta carta nos trazem à lembrança as situações delicadas e conspiratórias em que podemos nos meter quando fazemos concessões no que se refere à nossa própria verdade. Uma coisa é encontrar-se com o outro a meio caminho, compreender um ponto de vista diferente do nosso e trabalhar no sentido de harmonizar forças contrárias. Coisa muito diferente é ceder à pressão e trair a nossa própria verdade. Se olharmos a fundo o que ocorre neste último caso, descobriremos que normalmente estamos tentando tirar proveito de alguma coisa — quer se trate de poder, ou da aprovação de outras pessoas. Se se sentir tentado, cuidado: as recompensas por esse tipo de concessão deixam sempre um gosto amargo na boca.*

Concessão

♦ ♦ ♦

Não queira ser esperto, caso contrário você permanecerá sempre o mesmo, nunca mudará. Soluções de conciliação nos caminhos do amor, e na senda da meditação, criarão muita confusão em você. Elas não ajudarão...

Como pedir ajuda vai contra o ego, você tenta acomodar uma situação fazendo concessões. Esse acerto será mais perigoso, ele o desorientará mais, porque, feito com base em coisas mal esclarecidas, só poderá confundir tudo ainda mais.

Desse modo, tente entender primeiro o motivo pelo qual você parece estar sempre pronto para fazer concessões. Mais cedo ou mais tarde, você será capaz de compreender que fazer concessões não adianta. A concessão pode ser uma maneira de você não ser obrigado a optar entre caminhos alternativos, ou pode ser apenas a repressão da sua confusão. Isso acabará virando um hábito. Nunca reprima nada, seja muito claro a respeito do que está sentindo. E se você estiver confuso, procure ter consciência disso. Esta será a primeira coisa claramente definida a seu respeito: que você está confuso.

Assim, você terá dado início à caminhada.[74]

COMENTÁRIO

Há momentos em que a única coisa a fazer é esperar. A semente já foi plantada, a criança está crescendo no útero, a ostra está cobrindo o grão de areia, transformando-o em uma pérola. ✦ Esta carta nos lembra de que este é um momento em que tudo o que se requer é manter-se simplesmente atento, paciente, à espera. A mulher retratada na carta está justamente nessa atitude. Satisfeita, sem sinais de ansiedade, ela está apenas à espera. Ao longo de todas as fases da lua que se sucedem no alto, ela permanece paciente, tão sintonizada com os ritmos da lua, que quase se confunde com ela. A mulher sabe que esta é uma época para permanecer na passividade, deixando que a natureza siga o seu caminho. Não está, porém, com expressão de sono, nem indiferente; sabe que é tempo de se preparar para alguma coisa importante. Trata-se de um período repleto de mistério, como as horas que antecedem o amanhecer. É um tempo em que a única coisa a fazer, é esperar.

*P*ACIÊNCIA

♦ ♦ ♦

Nós nos esquecemos de como esperar; este é um espaço quase abandonado. No entanto, ser capaz de esperar pelo momento certo é o nosso maior tesouro. A existência inteira espera pelo momento certo. Até as árvores sabem disso – qual é o momento de florescer, e o de deixar que as folhas caiam, e de se erguerem nuas ao céu. Também nessa nudez elas são belas, esperando pela nova folhagem com grande confiança de que as folhas velhas tenham caído, e de que as novas logo estarão chegando. E as folhas novas começarão a crescer. Nós nos esquecemos de como é esperar: queremos tudo com pressa. Trata-se de uma grande perda para a humanidade...

Em silêncio e à espera, alguma coisa dentro de você vai crescendo – o seu autêntico ser. Um dia ele salta e se transforma numa labareda, e a sua personalidade inteira é estilhaçada: você é um novo homem. E esse novo homem sabe o que é uma cerimônia, esse novo homem conhece os sumos eternos da vida.[75]

COMENTÁRIO

Esta figura, caminhando pela natureza, mostra-nos que a beleza pode ser encontrada nas coisas simples e comuns da vida. Com muita frequência nós tomamos este lindo mundo em que vivemos como coisa garantida. Limpar a casa, cultivar o jardim, fazer a comida — as tarefas mais simples ganham uma conotação sagrada quando são feitas com envolvimento total, com amor, e exclusivamente pelo prazer de fazê-las, sem expectativas de reconhecimento ou de recompensa. ✦ *Neste momento, você passa por um período em que esta maneira cordata, natural e extremamente simples de encarar as situações que se apresentam trará resultados muito melhores do que qualquer tentativa sua de ser brilhante, perspicaz ou, de alguma outra forma, extraordinário. Deixe de lado toda pretensão de fazer alarde quanto a ter inventado mais alguma coisa inútil, ou a vaidade de encantar seus amigos e colegas com o seu talento incomparável de* prima-dona. *A contribuição especial que você tem para oferecer neste momento será maior se você encarar as coisas sem resistência e com simplicidade, um passo de cada vez.*

SIMPLICIDADE

✦ ✦ ✦

Às vezes acontece a você sentir-se integrado, em algum raro momento. Observe o oceano, o seu espírito indomável – de repente você esquece a sua divisão interior, a sua esquizofrenia: você relaxa. Ou então, andando pelo Himalaia, contemplando a neve virgem nos picos das montanhas, de repente uma calma o envolve e você não precisa ser falso, porque não há ali nenhum outro ser humano para o qual representar. Você se reintegra. Ou ainda, ouvindo boa música, você se sente integrado.

Sempre que, em qualquer situação, você se torne uno, uma paz, uma felicidade, uma bênção o envolvem, brotam de dentro de você. Você se sente preenchido.

Não há necessidade de ficar esperando por esses momentos – eles podem transformar-se na sua maneira natural de viver. Esses momentos extraordinários podem transformar-se em momentos comuns – este é todo o esforço do Zen. É possível viver uma vida extraordinária dentro dos limites de uma vida bastante comum: cortando árvores, rachando lenha, buscando água no poço, é possível estar extremamente à vontade consigo mesmo. Limpando o chão, preparando a comida, lavando a roupa, você pode estar perfeitamente à vontade – porque a questão toda é de você atuar com todo o seu ser, desfrutando, realizando-se no que faz.[76]

COMENTÁRIO

Quando a fruta está madura, ela cai da árvore por si mesma. Num momento, ela pende de um dos galhos da árvore, cheia de sumo. No momento seguinte ela cai – não porque tenha sido forçada a cair, ou tenha se esforçado para tanto, mas porque a árvore reconheceu o seu amadurecimento, e simplesmente a deixou cair.
✦ Quando esta carta aparece em uma leitura, indica que você está pronto para compartilhar as suas riquezas interiores, o seu "sumo". Tudo o que você precisa fazer é relaxar exatamente onde você está, e desejar que isso aconteça. Este compartilhar de você mesmo, essa expressão da sua criatividade, pode acontecer de muitas maneiras – no seu trabalho, nos seus relacionamentos, nas suas experiências de vida diárias. Não se requer nenhuma preparação ou esforço especial de sua parte. Trata-se apenas do momento certo.

Momento da Colheita

✦ ✦ ✦

Só se a sua meditação tiver proporcionado a você uma luz que brilha sempre à noite é que a morte não será morte para você, mas uma passagem para o divino. Com a luz no coração, a própria morte é transformada numa passagem pela qual você adentra o espírito universal: você se torna um com o oceano.

E a menos que você passe pela experiência oceânica, terá vivido em vão.

O momento é sempre *agora*, e a fruta está sempre pronta para ser colhida. Só é preciso ter coragem para penetrar em sua floresta interior. A fruta está sempre madura, e qualquer momento é sempre o momento certo. Não existe essa coisa de momento errado.[77]

COMENTÁRIO

Aqui, a humanidade é representada como um arco-íris de seres dançando em volta da mandala da Terra, com pessoas de mãos dadas e alegres, gratas pela dádiva da vida. Esta carta representa um tempo de comunicação e de compartilhar as riquezas que cada um de nós traz para o todo. Aqui não há apego, nenhum sentimento de propriedade. É um círculo sem medo de sentimentos de inferioridade e de superioridade. ✦ Quando reconhecemos a fonte comum da nossa humanidade, as origens comuns dos nossos sonhos e anseios, das nossas esperanças e dos nossos medos, tornamo-nos capazes de perceber que estamos todos juntos no grande milagre da existência. Quando conseguimos somar nossa enorme riqueza interior para criar um tesouro de amor e sabedoria que esteja ao alcance de todos, ficamos todos interligados no mecanismo único da criação eterna.

Nós Somos o Mundo

♦ ♦ ♦

Quando milhares e milhares de pessoas em todo o mundo estão celebrando, cantando, dançando, em êxtase, embriagados pelo sentimento do divino, não existe nenhuma possibilidade de um suicídio global. Com essa festividade e com tanto riso, com tanto equilíbrio e saúde, com tanta naturalidade e espontaneidade, como poderia acontecer uma guerra?...

A vida lhe foi dada para que você crie, seja feliz e celebre. Quando você chora, quando está infeliz, fica sozinho. Quando está celebrando, a existência inteira participa com você.

Somente na celebração encontramos o que é fundamental, o que é eterno. Somente na celebração ultrapassamos o círculo do nascimento e da morte.[78]

COMENTÁRIO

O personagem desta carta está só, quieto, porém atento. O seu ser interior apresenta-se repleto de flores — portadoras do espírito da primavera, e que renascem onde quer que ele vá. Este florescimento interior e a completude pessoal que ele sente, criam-lhe a possibilidade de uma mobilidade ilimitada. Ele pode deslocar-se em qualquer direção — no seu próprio interior ou no mundo aqui de fora, não faz diferença, pois a sua alegria e maturidade não podem ser diminuídas por fatores externos. Ele chegou a um tempo de centramento pessoal e de expansividade — a aura branca que o envolve é a sua proteção, e a sua luz. O conjunto das experiências da vida o trouxeram a este tempo de perfeição. ✦ Quando você tirar esta carta, saiba que o momento lhe traz um presente — pelo trabalho pesado que foi bem feito. Agora, suas bases são sólidas, e o sucesso e a boa sorte estão assegurados porque são a consequência natural daquilo que já foi vivenciado em seu íntimo.

Ás

MATURIDADE

♦ ♦ ♦

A diferença entre a relva e as flores é a mesma que existe entre você enquanto *não sabe* que é um buda, e você no momento em que compreende que *é* um buda. De fato, nem poderia ser diferente.

O buda é completamente florescido, inteiramente aberto. Os seus lótus, suas pétalas, chegaram a uma realização... Com certeza, ser você mesmo, pleno de primavera, é muito mais belo do que o orvalho de outono caindo sobre as folhas de lótus. E olha que essa é uma das coisas mais lindas de se ver: o orvalho de outono caindo sobre as folhas de lótus, brilhando ao sol da manhã, como pérolas verdadeiras. Naturalmente isso não passa de uma experiência momentânea. À medida que o sol se levanta, o orvalho de outono começa a evaporar-se...

Essa beleza passageira certamente não pode ser comparada com uma eterna primavera em seu ser. Por mais longe que você consiga olhar para trás, verá que essa primavera sempre esteve ali. Olhando para a frente o mais que pode, você se surpreenderá: trata-se do seu próprio ser. Onde quer que você esteja, essa primavera estará também, e as flores continuarão a cair sobre a sua cabeça. Isso é primavera espiritual.[79]

MANEIRAS DE DISPOR AS CARTAS

O Diamante

Diversos exemplos de disposição das cartas são sugeridos aqui para que você inicie a sua trajetória com o Tarô Zen, de Osho. No que diz respeito à interpretação de qualquer das cartas, cada posição em que elas são tiradas e dispostas tem significados específicos. Se você tiver a impressão de que a carta está sugerindo um significado diferente, outra orientação ou percepção, confie na sua própria intuição e criatividade.

Esta disposição de cartas é útil quando se procura maior clareza em algum assunto.

1. O assunto
2. Influência interior que você não está conseguindo perceber
3. Influência exterior de que você já tem consciência
4. O que é necessário para a solução
5. Resolução: o entendimento

180 ✦ O TARÔ ZEN, DE OSHO

MANEIRAS DE DISPOR AS CARTAS

O Pássaro Voando

Esta maneira de dispor as cartas tem a forma de um pássaro levantando voo. As cartas escolhidas e colocadas na asa esquerda simbolizam e indicam-nos alguma coisa, no momento da leitura; a respeito das nossas energias femininas, receptivas, enquanto que a asa direita simboliza nossas energias masculinas, ativas. A primeira carta escolhida é a iniciadora do voo e, portanto, provém do lado masculino (é ativa). Cada carta que se segue responde à que a antecedeu, e leva o "pássaro" mais para o alto, permitindo ao seu intérprete ganhar maior clareza e maior amplidão de visão interior.

1. Aqui e agora: a carta da "decolagem"
2. Carta da resistência: "medo de voar"
3. Resposta: capacidade para enfrentar o medo
4. Embasamento interior (intuição) para a resposta
5. Apoio externo (ação inteligente em resposta à intuição)
6. Relaxamento e aceitação
7. Chegada a um novo nível de consciência

MANEIRAS DE DISPOR AS CARTAS

A Chave

A disposição em chave é capaz de "abrir a porta" para o *insight* no que diz respeito a aspectos ocultos, inconscientes, de determinado assunto. Pode ser utilizada também para se conseguir uma percepção geral do tipo aqui/agora a respeito do que se passa no seu íntimo.

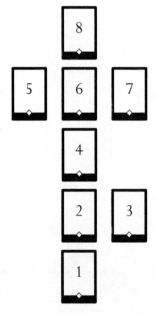

1. O que está sendo reprimido
2. Carta *Yin*: o seu aspecto feminino (passivo)
3. Carta *Yang*: o seu aspecto masculino (ativo)
4. A meditação
5. Percepção do que se passa no seu corpo
6. Percepção do que acontece no coração
7. Percepção de como fica o seu ser
8. Consciência (compreensão)

MANEIRAS DE DISPOR AS CARTAS

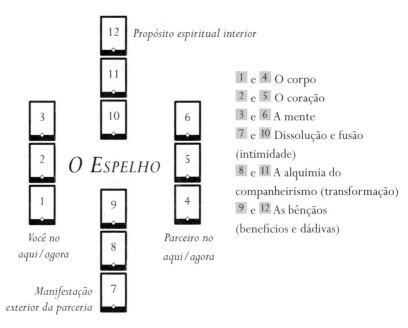

Esta disposição é utilizada para a percepção de assuntos relacionados com outra pessoa (amor, amizade, parentes, etc.). Ela revela cada indivíduo no seu processo de vida atual, assim como a maneira como se compõem as energias ou o efeito-parceria (seu relacionamento com a pessoa em questão).

12 *Propósito espiritual interior*

Você no aqui/agora

Parceiro no aqui/agora

Manifestação exterior da parceria

O ESPELHO

1 e 4 O corpo
2 e 5 O coração
3 e 6 A mente
7 e 10 Dissolução e fusão (intimidade)
8 e 11 A alquimia do companheirismo (transformação)
9 e 12 As bênçãos (benefícios e dádivas)

O JOGO TRANSCENDENTAL DO ZEN ♦ 183

MANEIRAS DE DISPOR AS CARTAS

A Cruz Celta

Esta disposição tradicional é utilizada para se obter maior clareza em determinado assunto, assim como para levantar um panorama geral. No Tarô Zen, de Osho, as posições das cartas têm os seguintes significados:

1. O assunto
2. Minimizando/incrementando o assunto, ou esclarecendo/obscurecendo o assunto
3. As influências inconscientes
4. As influências conscientes
5. Velhos padrões, a maneira antiga
6. Padrões novos, inovando
7. O eu: seus sentimentos e atitudes a respeito do assunto
8. O que você está atraindo de fora
9. Seus desejos/recusas
10. Resultado/chave para a compreensão

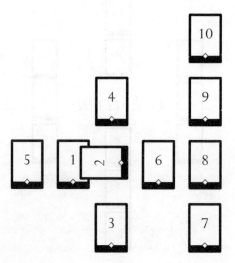

Relacionamento ✦ *O Paradoxo*

"Um Instantâneo"

Esta disposição possibilita um exame rápido do que está acontecendo no seu relacionamento com determinada pessoa, quer se trate do seu chefe, amante, amigo(a), irmã, pai/mãe, etc.

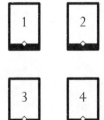

1. Você, e a contribuição que está dando para o relacionamento, aqui/agora
2. A outra pessoa, e a contribuição que ela está dando para o relacionamento
3. Como se compõem as energias
4. A percepção

O "Superinstantâneo"

Uma carta única – para o exame de qualquer situação, ou que poderá servir como tema de meditação para o dia.

O Paradoxo

Embaralhe as cartas por alguns minutos. Parta o baralho em três montes e escolha um. A carta que estiver por cima do monte escolhido representa o aqui/agora. A carta de baixo do monte representa as influências do que aconteceu antes na sua vida. Abra em leque o restante das cartas desse monte e escolha mais uma. Esta nova carta representa a compreensão do paradoxo.

GLOSSÁRIO DE SÍMBOLOS

Água: Emoções; profundidade; intuição; fluidez; o não manifesto; potencial; purificação; útero e nascimento; o dar à luz.

Águia: Inspiração; força; autoridade; líder espiritual; uma ponte entre o céu e a terra; masculino; solar; expansivo.

Arco-íris: Ponte entre céu e terra; conceito espiritual + manifestação física; espectro completo de possibilidades.

Árvore: Nutritivo; condição de enraizado; abundância; abrigo; tranquilidade; força; resistência.

Asas: Liberdade; voo rumo ao desconhecido; o poder de transcender o mundano.

Borboleta: Transformação; prontidão para voar; leveza; transitoriedade; fragilidade.

Buda: Perfeição; pura consciência; autorrealização; suprema sabedoria; compaixão; tranquilidade; transcendência da dualidade.

Cabelos: *Longos e lisos*: energia; liberdade de pensamento (inspiração); força vital; virilidade. *Raspados*: renúncia à parte física. *Desalinhados*: confusão; infelicidade.

Camelo: Satisfação consigo mesmo; inconsciência; tolice temperamental.

Círculo: Espaço puro; espírito; totalidade; inteireza; feminilidade; sem começo e sem fim; autossuficiente; céu.

Cores: *Violeta*: inteligência; equilíbrio; equanimidade (vermelho/quente + azul/frio = violeta). *Vermelho*: força; energia; fogo; o sol; paixão; sexualidade; masculino; princípio ativo. *Cor-de-rosa*: amor; perfeição (vermelho + branco = cor-de-rosa ou seja, força + paixão e pureza = amor). *Dourado*: verdade; iluminação; esplendor. *Branco*: pureza; perfeição; inocência; iluminação; sacralidade; simplicidade; yang. *Preto*: vazio; morte; tempo; noite; frio; yin. *Azul*: água; frieza; profundidade; espaço; céu. *Cinza*: nuvens; mudança; neutro (capaz de movimentar-se em qualquer direção); entre escuro e claro. *Verde*: natureza; abundância; primavera (amarelo + azul = verde ou seja, calor das emoções + frieza da sabedoria = renovação, criatividade).

Coroa de folhas, flores, usada na cabeça: Sucesso; realização na esfera material.

Corrente: Condições; limitações; fronteiras.

Criança: Potencial; simplicidade; inocência; alegria; perfeição; transmutação.

Cristal: Percepção; clareza.

Espiral: Fertilidade; a fonte de regeneração; um vórtice; a força criativa.

Faca/Espada: Divisão; poder; agressão; mental; atalho (no sentido de clareza).

Fogo: Transformação; poder; energia; força; paixão; purificação; inspiração; masculino; solar.

Folhas: *Verdes*: fertilidade; regeneração. *De outono*: tolerância; maturidade.

Flores: Pleno desenvolvimento de potencialidades; expansão; aberto e compartilhador.

Fruta: Suculência; fertilidade; essência.

Golfinho: Espírito brincalhão; inteligência; sensibilidade; gentileza; alegria.

Halo: Luz da verdade; radiância; energia vital.

"Hara": O centro da energia vital no corpo, logo abaixo do umbigo; centro da força vital.

Lagarto: Sabedoria; segredo; silêncio.

Leão: Coragem; poder; individualidade.

Lótus: *Flor*: o produto da união de opostos – luz (sol) e trevas (água); símbolo do espírito e da transformação. *Folha*: perfeição; desdobramento espiritual.

GLOSSÁRIO DE SÍMBOLOS

Louva-a-deus: Espírito brincalhão; questionamento não sério.

Lua: Mistério; renovação perpétua (fases da lua); conhecimento interior. *Lua cheia*: iluminação; magnetismo feminino.

Lua + Sol: Céu e terra; o matrimônio sagrado; ouro e prata.

Macaco: Transformação; caloteiro; curiosidade.

Mão: Vazia: aberto; receptivo; feminino.

Noite/Escuridão: Desconhecido; vazio.

Nudez: Inocência; natural; isento de vergonha.

Nuvens: A mente (natureza mutável da mesma); esconder ou encobrir; luz e claridade; bênçãos ocultas; opressão; peso ou leveza + não seriedade; amorfo.

Octógono: Número de regeneração; renascimento.

Olhos: *Abertos*: consciência. *Fechados*: olhar interior; ou sonolência.

Ovelhas: Condicionamento; *status quo*; "a multidão".

Pássaro: Espírito do ar; imaginação; possibilidades; felicidade; "a alma"; adentrando um estado de consciência mais elevado.

Ponteiro/Cetro: Apoio; autoridade; viagem.

Quadrado: O que é manifesto; conhecido; forma estável.

Quebra-cabeça: O jogo da vida; o quadro global composto de muitas peças pequenas.

Relâmpago: Raio; revelação; choque; poder divino; iluminação.

Rochas: Desafios; barreiras; inflexível.

Roda: O tempo; destino; karma; mudança.

Rosa: Coração. *Rosa + espinhos*: perfeição/paixão. *Sem Cabeça*: não mente – além do pensamento.

Serpente: Rejuvenescimento; sexualidade; dissimulação; totalidade; autossuficiência; o fim é o começo.

Sol: Poder; divindade; esplendor; sabedoria; iluminação; masculino; fonte de vida.

Taça: Aberto; receptivo; feminino; o coração.

Tartaruga: Autossuficiente; à vontade na água (emoções) e na terra (a parte física).

Tigre: Autoridade; riqueza e realização.

Tocha: Vida; verdade; imortalidade; inteligência.

Triângulo: Natureza tríplice do universo. *Triângulo apontando para cima*: vida; calor; masculino; o rei nas cartas da corte; espiritual. *Triângulo apontando para baixo*: lunar; feminino; receptivo; a rainha nas cartas da corte; frio. *Triângulo apontando para a esquerda*: mudança de passivo para ativo; o valete nas cartas da corte. *Triângulo apontando para a direita*: mudança: da atitude ativa para a atitude interiorizada; o cavaleiro nas cartas da corte.

Vênus: Amor; paixão; criatividade; feminilidade; imaginação; sexualidade.

Véu: Ilusão; *maya*; escuridão; ignorância.

Yin/Yang: A complementação de opostos. *O lado negro*: profundidade; escuridão; o não manifesto; alma; intuição; flexível; noite; feminino. *O lado branco*: ativo; dia; masculino; o que é manifesto; expansivo; racional. *Os dois juntos*: um equilíbrio perfeito das duas forças universais primárias.

Zodíaco: Ciclo de transformação; interligação da existência (céu e terra); o mundo dos fenômenos.

SOBRE A ILUSTRADORA

Deva Padma (Susan Morgan) é uma artista americana. Ao conhecer Osho, diz ela, descobriu que "A Criatividade é minha meditação". Durante anos, Padma pertenceu ao círculo de Osho, para o qual contribuiu com seu talento artístico. A criação das ilustrações para este Tarô exigiu-lhe mais de quatro anos, sob a orientação de Osho e com a ajuda das sugestões e o estímulo de vários membros da comunidade. Agradecimentos especiais são devidos a Jivan Upasika, que inspirou o início deste projeto em 1989 e enriqueceu-o com seu profundo conhecimento do Tarô.

LISTA DE REFERÊNCIAS

1. *Dang Dang Doko Dang*, Cap. 2
2. *God is Dead: Now Zen is the Only Living Truth*, Cap. 1
3. *The Great Zen Master Ta Hui*, Cap. 23
4. *A Sudden Clash of Thunder*, Cap. 4
5. *The Zen Manifesto: Freedom from Oneself*, Cap. 9
6. *Take it Easy*, Vol. 1, Cap. 5
7. *Zen, Zest, Zip, Zap and Zing*, Cap. 3
8. *A Sudden Clash of Thunder,* Cap. 1
9. *Dang Dang Doko Dang*, Cap. 4
10. *The Discipline of Transcendence*, Vol. 1, Cap. 2
11. *Take it Easy*, Vol. 1, Cap. 7
12. *Walking in Zen, Sitting in Zen*, Cap. 1
13. *Zen: The Diamond Thunderbolt*, Cap. 9
14. *Zen: The Solitary Bird, Cuckoo of the Forest*, Cap. 6
15. *Ancient Music in the Pines*, Cap. 1
16. *One Seed Makes the Whole Earth Green*, Cap. 4
17. *Isan: No Footprints in the Blue Sky*, Cap. 4
18. *Zen: The Diamond Thunderbolt*, Cap. 1
19. *Hyakujo: The Everest of Zen*, Cap. 7
20. *Dang Dang Doko Dang*, Cap. 7
21. *The Great Zen Master Ta Hui*, Cap. 12
22. *Joshu: The Lion's Roar*, Cap. 5
23. *Ah, This!*, Cap. 1
24. *Returning to the Source*, Cap. 8
25. *The Search: Talks on the Ten Bulls of Zen*, Cap. 2
26. *Zen: Turning In*, Cap. 10
27. *Nansen: The Point of Departure*, Cap. 8
28. *The Empty Boat*, Cap. 10
29. *A Sudden Clash of Thunder*, Cap. 5
30. *The Sun Rises in the Evening*, Cap. 9
31. *Christianity, the Deadliest Poison and Zen, the Antidote to all Poisons*, Cap. 6
32. *Dang Dang Doko Dang*, Cap. 5
33. *Bodhidharma, The Greatest Zen Master*, Cap. 15
34. *Take it Easy,* Vol. 1, Cap. 13
35. *The Sun Rises in the Evening*, Cap. 9
36. *Communism and Zen Fire, Zen Wind*, Cap. 2
37. *Christianity, the Deadliest Poison and Zen, the Antidote to all Poisons*, Cap. 5
38. *The Sun Rises in the Evening*, Cap. 7
39. *Dang Dang Doko Dang*, Cap. 7
40. *Live Zen*, Cap. 2

LISTA DE REFERÊNCIAS

41 *Dang Dang Doko Dang*, Cap. 2
42 *Zen: The Miracle*, Cap. 2
43 *Take it Easy,* Vol. 1, Cap. 12
44 *Returning to the Source*, Cap. 4
45 *A Sudden Clash of Thunder,* Cap. 3
46 *Rinzai: Master of the Irrational*, Cap. 7
47 *Take it Easy,* Vol. 1, Cap. 13
48 *The Great Zen Master Ta Hui*, Cap. 20
49 *The Zen Manifesto: Freedom from Oneself,* Cap. 11
50 *The White Lotus*, Cap. 10
51 *I Celebrate Myself*, Cap. 4
52 *This Very Body The Buddha*, Cap. 9
53 *The Great Zen Master Ta Hui*, Cap. 10
54 *Take it Easy*, Vol. 2, Cap. 1
55 *Hsin Hsin Ming: The Book of Nothing*, Cap. 7
56 *The White Lotus*, Cap. 6
57 *A Sudden Clash of Thunder*, Cap. 8
58 *Dang Dang Doko Dang*, Cap. 3
59 *Take it Easy*, Vol. 1, Cap. 14
60 *Dang Dang Doko Dang*, Cap. 3
61 *Zen: The Path of Paradox*, Vol. 1, Cap. 5
62 *Dang Dang Doko Dang*, Cap. 8
63 *The Sun Rises in the Evening*, Cap. 4
64 *This Very Body The Buddha*, Cap. 6
65 *The White Lotus*, Cap. 10
66 *Take it Easy*, Vol. 1, Cap. 3
67 *Take it Easy*, Vol. 2, Cap. 12
68 *Live Zen*, Cap. 16
69 *Bodhidharma, the Greatest Zen Master*, Cap. 5
70 *The Great Zen Master Ta Hui*, Cap. 37
71 *God is Dead: Now Zen is the Only Living Truth*, Cap. 7
72 *Ancient Music in the Pines*, Cap. 2
73 *God is Dead: Now Zen is the Only Living Truth*, Cap. 3
74 *Dang Dang Doko Dang*, Cap. 4
75 *Zen: The Diamond Thunderbolt*, Cap. 10
76 *Dang Dang Doko Dang*, Cap. 3
77 *A Sudden Clash of Thunder*, Cap. 6
78 *I Celebrate Myself*, Cap. 4
79 *No Mind: The Flowers of Eternity*, Cap. 5

SOBRE O AUTOR

Os ensinamentos de Osho desafiam a categorização e cobrem tudo, da busca individual de significado aos problemas sociais e políticos mais urgentes que nossa sociedade enfrenta hoje. Seus livros não foram escritos, mas transcritos de gravações em áudio e vídeo de palestras de improviso que deu a audiências internacionais num período de 35 anos. Osho foi colocado pelo *Sunday Times* de Londres entre os "1.000 Arquitetos do Século XX" e considerado pelo escritor americano Tom Robbins como "o homem mais perigoso depois de Jesus Cristo".

A respeito de sua própria obra, Osho afirmou que pretende ajudar a criar as condições para o surgimento de um novo tipo de ser humano. Com frequência, caracterizou esse novo ser humano como "Zorba, o Buda" – capaz de gozar ao mesmo tempo os prazeres terrenos de um Zorba, o Grego, e a calma silenciosa de um Gautama Buda. Deslindar todos os aspectos da obra de Osho é obter uma visão que abrange tanto a sabedoria atemporal do Oriente quanto o mais alto potencial da ciência e da tecnologia do Ocidente.

Osho é conhecido também por sua revolucionária contribuição à ciência da transformação interior graças a uma abordagem da meditação que reconhece o ritmo acelerado da vida moderna. Suas inigualáveis "Meditações Ativas de Osho" destinam-se, primeiro, a aliviar as tensões acumuladas no corpo e na mente para, depois, propiciar a experiência do estado de meditação descontraída e livre de pensamentos.

Ver: *Autobiografia de um Místico Espiritualmente Incorreto*, publicado pela Editora Cultrix.

OSHO INTERNATIONAL MEDITATION RESORT

O Osho International Meditation Resort é uma ótima opção para férias. É também um lugar onde as pessoas podem ter uma experiência pessoal direta de um novo modo de vida repleto de lucidez, descontração e alegria. Localizado a cerca de 150 km ao sul de Mumbai, em Poona, Índia, o Resort oferece uma grande variedade de programas a milhares de pessoas que todos os anos o visitam, vindos de mais de cem países.

Poona é uma dinâmica cidade moderna que abriga várias universidades e indústrias de alta tecnologia. O Meditation Resort abrange cerca de 160.000 m² num subúrbio arborizado conhecido como Koregaon Park. Oferece acomodações luxuosas para os visitantes, com grande variedade de hotéis próximos e apartamentos particulares disponíveis para estadias de alguns dias a vários meses.

Todos os programas se baseiam na visão de Osho de um tipo qualitativamente novo de ser humano, capaz tanto de participar criativamente da vida cotidiana quanto de relaxar no silêncio e na meditação. Os programas acontecem em instalações modernas, com ar-condicionado, incluindo aulas de introdução à meditação e, em especial, treinamento nas Meditações Ativas de Osho. Sessões individuais, cursos e seminários abordam diversos assuntos, de artes criativas a transformação pessoal, ciências esotéricas, visão Zen dos esportes e recreação.

Cafés e restaurantes ao ar livre, na área do Resort, servem pratos da cozinha indiana e internacional, todos preparados com vegetais organicamente cultivados em hortas próprias. Para mais informações e detalhes dos programas, acesse www.osho.com/resort

OSHO INTERNATIONAL MEDITATION RESORT

198 ♦ O TARÔ ZEN, DE OSHO

INFORMAÇÕES ADICIONAIS

www.osho.com

Um website abrangente em várias línguas, que inclui um passeio *on-line* pelo Osho International Meditation Resort, um calendário dos cursos ali oferecidos, um catálogo de livros e gravações, uma lista dos centros de informação Osho no mundo inteiro e seleções das palestras do mestre.

Osho International
E-mail: oshointernational@oshointernational.com
www.osho.com/oshointernational